BERLIN: Sinfonie einer Großstadt

Thomas Schadt

BERLIN: Sinfonie einer Großstadt

INHALT

EINE WIDERSPENSTIGE ZÄHMUNG Nico Hofmann

Berlin ist die Metropole, in der Thomas Schadt und ich leben und arbeiten, Berlin ist die Stadt, in der wir uns beide kennen gelernt haben. Mit Thomas Schadt verbindet mich das Leben in dieser gemeinsamen Stadt und darüber hinaus vor allem berufliche Neugier und das Interesse am dokumentarischen Film.

Als mir Thomas Schadt vor zwei Jahren von seiner Idee für einen neuen Ansatz zum Remake von Walther Ruttmanns großartigem Kunstwerk *Berlin. Die Sinfonie der Großstadt* erzählte, war ich sofort begeistert: Für Thomas war es wichtig, nicht bei dem Vorhaben eines einfachen Remakes stehen zu bleiben, sondern seine eigenen Assoziationen zu Walther Ruttmanns Film mit neu Erlebtem zu verknüpfen, mit seiner eigenen Wahrnehmung der Stadt Berlin im Jahre 2001.
Thomas Schadt und ich haben in den ersten Jahren unseres Hierseins Berlin als eine Stadt kennen gelernt, die sich dem Fremden nicht auf den ersten Blick preisgibt. Berlin ist und war eine spröde Stadt, eine Stadt der Widersprüche, der Schroffheit, auch der Kälte und der Einsamkeit. Es gibt kaum eine Metropole auf dieser Welt, die sich so wenig anbiedert wie Berlin – ein Charakterzug, der sowohl für die Zeit vor als auch nach dem Fall der Mauer zutrifft. Sich auf Berlin einzulassen und einen dokumentarischen Film über diese Stadt zu drehen bedeutet, sich auf den Prozess einer widerspenstigen Zähmung einzulassen.

Mich hat Thomas Schadts Unternehmen, den Walther-Ruttmann-Film neu zu definieren, vor allem deshalb gereizt, weil es für Thomas selbstverständlich war, dass er sich weder für einen pittoresken Bilderbogen noch für jene Gattung der schnell geschnittenen, hippen, psychodelischen Wahrnehmungsfilme à la *Koyaanisqatsi* entscheiden wollte.
Thomas Schadts Ansatz war ein ganz anderer: Er wollte Berlin in ausgewählten Lebensbereichen über den exakten Zeitraum eines Jahres beobachten – es ging für Thomas um Assoziationen, um Detailbeobachtungen und um seinen ganz persönlichen, intimen Blick auf diese Stadt. Schadts Assoziationsfeld sollte musikalische Unterstützung finden durch eine eigene sinfonische Struktur, die für den Film neu zu komponieren war. Dieses Zusammenspiel von dokumentarischer Beobachtungsarbeit, von Schnitt und musikalischem Rhythmus hat mich als Produzent besonders gereizt.

Allein die Idee, dass unser Film *Berlin: Sinfonie einer Großstadt* in einem noch nie da gewesenen Wechselspiel zwischen filmischer und musikalischer Ebene entstehen würde, war Herausforderung genug. In langen, ausführlichen Gesprächen, die Thomas Schadt und ich mit Dr. Dietrich Mack, dem Chef der Abteilung Fernsehspiel und Musik beim SWR, mit Peter Latzel als verantwortlichem Redakteur und mit Reinhard Oechsler, dem Manager des Sinfonieorchesters des SWR, führten, diskutierten wir die Voraussetzungen für ein solches Unternehmen. Uns war es wichtig, für die Musik Komponisten zu finden, die mit einer dokumentarischen Filmstruktur arbeiten können und wollen. Es ist der großen Unterstützung all dieser Mitarbeiter vom SWR zu verdanken, dass wir Iris ter Schiphorst und Helmut Oehring für diese einzigartige Aufgabe gewinnen konnten.

Je mehr Thomas Schadt nach Beginn des Jahres 2001 drehte – und wir die ersten Rohschnitte gemeinsam in der Projektion gesehen hatten –, desto aufregender wurde das Zusammenspiel mit der entstehenden Musik von ter Schiphorst und Oehring.

Ich war glücklich, Zeuge dieses außergewöhnlichen Prozesses zu sein, verfolgen zu können, wie sich Töne und musikalische Strukturen in einer ganz eigenwilligen Assoziationskette mit dem Bildrhythmus von Thomas Schadts dokumentarischer Arbeit verwoben. Filmisches Schaffen ist ja im Grunde genommen nichts anderes als eine ständige Beschäftigung mit Rhythmus. Wie sich hier aber bei *Berlin: Sinfonie einer Großstadt* drei Künstler gegenseitig befruchteten und in immer neuen Wahrnehmungsketten ihre eigenen Assoziationen diskutiert, künstlerisch ausprobiert und verändert haben – das war einzigartig, war von einer ungeheuren Lust und einer Neugierde auf das Medium des anderen geprägt.
Thomas Schadts Film ist auch der Film von Iris ter Schiphorst und Helmut Oehring. Es ist ein gemeinsamer Film geworden, und auf diese Synergien zwischen Musik und Film bin ich unendlich stolz.

Für Thomas Schadts eigenes Œuvre bedeutet *Berlin: Sinfonie einer Großstadt* aus meiner Sicht eine wichtige künstlerische Bereicherung: Thomas, der in seinen früheren dokumentarischen Arbeiten eher ein ruhiger Beobachter war, hat hier in unserem gemeinsamen Film zu einem neuen Umgang mit Rhythmus und Schnitt gefunden. Über zehnmal habe ich die Rohschnitte und die immer wieder veränderten musikalischen Layouts gesehen, und immer wieder berührt mich dieser Film aufs Neue. Wie eine Spiegelfläche wirft einen *Berlin: Sinfonie einer Großstadt* auf die eigene Existenz zurück. Der Film erzählt vom Leben in dieser Stadt, von der Parallelität der widersprüchlichsten Lebensmomente in dieser Metropole. Er erzählt auch von den krassen Gegensätzen der sozialen Milieus, und er lässt seine Zuschauer spüren, dass jeder Einzelne von uns nur ein kleines Mosaiksteinchen dieser Welt ist, die in unserem Film Berlin heißt.
Berlin hat sich mit der gemeinsamen Arbeit von Schadt, ter Schiphorst und Oehring für mich neu geöffnet – und ist doch im gleichen Augenblick so spröde, ambivalent und rätselhaft, wie es immer für mich war. Insofern bleibt *Berlin: Sinfonie einer Großstadt* nach wie vor der Versuch einer widerspenstigen Zähmung.

Ein Bild ist ein Geheimnis über ein Geheimnis. Je mehr es einem sagt, desto weniger weiß man.

Diane Arbus

DIE BILDER HINTER DEN BILDERN Thomas Schadt

»Von vornherein war klar, daß die volle Verantwortung für jede Bildgestaltung, für Licht, Tempo, Stimmungscharakter jeden einzelnen Filmmeters in meiner Hand liegen mußte, um das entstehen zu lassen, was ich wollte.«
Walther Ruttmann

Im Kopf habe ich Ruttmanns Film schon lange. Seine Art der Beobachtung kommt der nahe, die in der so genannten Straßenfotografie sichtbar ist. Das hat mich eine Zeit sehr interessiert; von der Fotografie kommend, habe ich in der eigenen Arbeit viele »Straßen« mit der Kamera erforscht.

Als ich einmal im Mai 1999 mit Freunden in einer Kneipe saß, und wir über das Für und Wider der filmischen Parallelmontage diskutierten, sah mich der Kritiker Hans-Jörg Rother plötzlich mit großen Augen an und fragte mich, ob ich mir nicht vorstellen könne, eine Art *Berlin. Die Sinfonie der Großstadt* zu drehen. Ich war völlig überrascht. Doch die Idee beschäftigte mich fortan. Es war, als hätte einer den Schalter umgelegt. Ich dachte ständig an Ruttmanns Film und die Möglichkeit, eine Neuinterpretation zu wagen.

Ich habe Frau Riehl, der Tochter Ruttmanns, einen Brief geschrieben, ihr kurz das Konzept umrissen und um ein Gespräch gebeten. Bei einem Treffen in München diskutierten wir dann lange über das Vorhaben. Sehr genau und kritisch erkundigte sie sich, wie ich das Projekt angehen würde. Für sie war wichtig: kein bloßes Nachstellen, keine Verkitschung, keine Verwendung von Ausschnitten des Originals, oder das billige Ausbeuten eines großen Filmtitels. Ich habe ihr erklärt, dass man schnell bei Ruttmann angekommen ist, wenn man mit dem Gedanken spielt, einen Berlin-Film in 35-mm-Schwarz-Weiß zu drehen. Erwägt man dazu den Einsatz einer (sinfonischen) Musik, kann man einen solchen Film nicht gegen Ruttmann, sondern nur mit ihm machen. Ich kündigte ihr an, von seinem Film das sinfonische Prinzip, die 35-mm-Schwarz-Weiß-Ästhetik und die erzählerische Grunddramaturgie eines Tagesablaufes übernehmen zu wollen.
Im nächsten Atemzug machte ich deutlich, dass ich darüber hinaus allerdings einen völlig eigenständigen Weg gehen würde und nicht in falscher Ehrfurcht vor dem Original erstarren wolle. Es war ihr sehr wichtig zu hören, dass ich Ruttmanns Film als Inspiration verstehe, als kreative Energiequelle, und nicht als Zwangsjacke. Und sie wollte wissen, ob es mir ernst ist und ich sicher bin in meinem Gefühl. Am Ende des Gesprächs hat sie meiner Idee zugestimmt und mir viel Glück gewünscht. Als wir uns verabschiedeten, wusste ich, dass ich diesen Film machen werde.

Bei allen Überlegungen im Vorfeld der Dreharbeiten war ich in einem Punkt ganz nahe bei Ruttmann: Das Motiv des Films ist die »Stadt«, erst dahinter erscheint »Berlin«. Berlin wird als Motiv nicht ausgestellt oder besonders hervorgehoben. Ruttmann suchte immer die »Stadt«, und scheinbar beiläufig und leicht fing er dabei die bekannten und unbekannten Motive Berlins ein. In seinem Film ist Berlin in der Stadt zu entdecken und doch in jeder Einstellung präsent. Dieser Dramaturgie bin ich gefolgt, in ihr fand ich meine Interessen wieder. Es ging mir nicht darum, die Brennpunkte dieser Stadt mit einem »Aha«-Effekt herauszuputzen, vielmehr wollte ich städtische Atmosphäre, Gefühle, Befindlichkeiten herausarbeiten. Dafür bietet Berlin sehr viel an, vielleicht mehr als jede andere deutsche Stadt. Es galt, das übergreifende, allgegenwärtige Thema »Stadt« zu dokumentieren, ohne das spezifische, originelle Berlin zu übersehen.

Ich wohne seit zwanzig Jahren in Berlin. Als ich hierher kam, um an der Deutschen Film- und Fernsehakademie (DFFB) zu studieren, konnte ich mir überhaupt nicht vorstellen, in dieser Stadt zu bleiben. Sie hat es mir nicht einfach gemacht. In dieser Inselstadt der frühen achtziger Jahre fühlte ich mich eingesperrt, einsam. Nur mühsam habe ich mich hier eingelebt. Als ich zwischen 1983 und 1985 an meiner Fotoserie *Deutschland: immer und überall* arbeitete, erkundete ich West-Berlin das erste Mal intensiver. Es waren für mich wertvolle Streifzüge durch eine fremde Stadt, die mir so Stück für Stück, oder besser Bild für Bild, etwas vertrauter wurde. Es war eine erste Annäherung.
Berlin ist wahrlich keine Liebe auf den ersten Blick. Zu aufgerissen ist sein Gesicht, zu rau seine Oberfläche und die Mentalität seine Bewohner. Ich musste diese Stadt erobern. Ein schwerer Anstieg, der nach dem Fall der Mauer sicherlich nicht leichter wurde. Doch heute weiß ich, wie wertvoll und wichtig es war, gerade in den ersten Jahren der Neunziger all diese Aggressionen, all das Neue und Fremde, das Unversöhnliche, das andere Deutschland genau hier in dieser Stadt miterlebt zu haben.

Nichts hätte mein Verständnis für das Geschehene, für Geschichte, für diese Stadt und ihre Besonderheiten mehr schärfen können als der zu dieser Zeit gelebte Alltag. In einer Art Stunde Null befand man sich hier und hat mit allen anderen einen Neuanfang begonnen. In dieser Zeit habe ich das erste Mal heimische Gefühle entwickelt. Plötzlich sprach ich auch von »meiner« Stadt.
Heute kann ich sagen, Berlin ist die Stadt, in der ich leben möchte. Eine Stadt, in der ich mich auskenne, deren Atmosphäre ich spüre, deren unterschiedliche Bewohner keine Fremden für mich sind, deren Sprachen ich verstehe oder zumindest erfühlen kann, deren Fallen mir vertraut sind, und deren nicht leicht zu entdeckende Schönheit mich bisweilen auch verzaubert. Sehr langsam ist meine Liebe zu dieser Stadt gewachsen. Sie ist nicht schön, nicht harmonisch, aber dafür nah am Leben. Sie ist ungeschminkt, rau und anstrengend. Seit dem Mauerfall pubertiert sie, und ihr Gesicht ist voller Pickel. Das gefällt mir!

Für mich wurde es Zeit, Berlin endgültig zu erobern. Die Dreharbeiten zu diesem Film zwangen mich dazu. Ich ging vertraute, bekannte und unbekannte Wege, durchstreifte Straßen und Stadtteile, streunte herum, verirrte mich, um irgendwo wieder aufzutauchen. Ich grub mich in dieser Stadt noch einmal richtig ein, und um nicht verloren zu gehen, arbeitete meine Produktionsleiterin Lisa Breuer Drehpläne aus. Große und kleine Ziele wurden darin abgesteckt, Raster erstellt, Etappen festgelegt, Termine fixiert. Die Dreharbeiten waren eine Mischung aus kalkulierter Genauigkeit und Spontaneität.
Alles an dieser Stadt ist wichtig, alles als Motiv möglich. Deshalb konnte es für mich keine Prioritäten geben. Ob alt oder neu, hässlich oder schön, arm oder reich, tot oder lebendig, ob Ost oder West, bekannt oder unbekannt – für mich steht alles auf einer Stufe. Nur so ist (diese) Stadt fassbar, ohne in die verbrauchten (Berlin-) Metaphern zurückzufallen.

Zu Ruttmanns Film suchte ich bei aller Faszination eine grundlegende Distanz. Er hatte in seinem Montagefilm die nahezu futuristische Vision von einer Stadt entworfen, die pulsiert und sich im Rhythmus von Maschinen bewegt. Sein Blick richtete sich dabei nach vorn, als wollte er sagen: »Seht her, so wird die Stadt der Zukunft sein.« Doch seine Vision hat sich nicht erfüllt, die Geschichte hat ihm einen gehörigen Strich durch die Rechnung gemacht.
Ich persönlich kann nicht auf die Stadt, und schon gar nicht auf Berlin blicken, ohne daran zu denken, was sich zwischen 1927 und 2002 in Deutschland und anderswo ereignet hat. Berlin ist das zwangsläufige und sehr genaue Ergebnis von Geschichte, und da ich mich in dieser Stadt kaum bewegen kann ohne historischen Spuren zu begegnen, war von Anfang an klar, dass die 75 Jahre Geschichte, die zwischen Ruttmanns und meinem Film liegen, ein wichtige Rolle spielen würden.
Ruttmann war frei von historischen Lasten und Zwängen. Ich bin es nicht. Das Berlin der Gegenwart ist mehr von deutscher Geschichte geprägt als jeder andere Ort in diesem Land. Und nirgendwo ist der Umgang damit so alltäglich wie in Berlin. Das findet sich in der Architektur genauso wie in den Gesichtern der Menschen, die hier leben. Ich finde, das ist eine der großen Qualitäten dieser Stadt. In gewisser Weise verstehe ich meinen Film als Antwort auf Ruttmanns Entwurf von Stadt, in dem ich ihm sage: »Sieh her, was aus Deiner Stadt der Zukunft geworden ist.«

Ich habe mich bemüht, dem Film eine eigene und strenge Bildsprache zu geben, eine Ästhetik, die ohne Geschmäcklerisches oder Orientierung am Mainstream bestehen kann. Wichtige Entscheidungen dafür fielen schon bei der Zusammenstellung der Ausrüstung. Reduktion der Mittel war das Konzept. Der stummen 35-mm-Kamera wurden ausgesuchte Festbrennweiten zugeordnet, die dem natürlichen Sehempfinden nahe kommen. Wir drehten ohne zusätzliches Licht und verzichteten auf großen technischen Aufwand wie Schienen etc. Wir konzentrierten uns von Anfang an auf die Bildgestaltung selbst, auf die Zeit, die man dafür aufbringt, und nicht auf den technischen Aufwand der Aufnahme.

An Ruttmanns Film hat damals erstaunt, dass es möglich war, mit einer solchen Dichte an überwiegend dokumentarischen Bildern einen Kinofilm zu gestalten. Das war neu, avantgardistisch im besten Sinne, die Montage des Materials für das Auge ungewohnt modern. Seitdem hat sich auf ästhetischem Gebiet viel getan, und eine Avantgarde hat die nächste abgelöst. Heute ist es weit schwerer »neu« zu sein als vor 75 Jahren. Wir leben in einer Zeit, wo nicht wenige der Ansicht sind, alle »möglichen« Bilder existierten bereits, unmöglich also, überhaupt noch eine unverbrauchte Ästhetik zu entwickeln. An jeder Ecke lauere das alles vernichtende Klischee, die Bildschablone.
In diesem Punkt ging es mir nicht darum, Avantgarde zu sein oder unbedingt »neu«. Genauso wenig ging es um die Vermeidung des Klischees um jeden Preis.
Meine Entscheidung stand fest. Nach der reduzierten Zusammensetzung der Ausrüstung folgte schon im Vorfeld aller Überlegungen das »nein« zu jeder Art und Form von Effekten, seien sie nun filtertechnisch, durch optischen Trick oder digital erzeugt. Kein Zeitraffer, keine Zeitlupe, kein Freeze, kein Schnickschnack. Nach der postmodernen Verspieltheit von *Koyaanisqatsi* und allen Nachfolgefilmen, die jede Bildmode aufgefressen haben, war meine Antwort auf die Frage »was geht überhaupt noch?«: klare Standpunkte, nachvollziehbare Perspektiven, genaue Beobachtungen.
Ohne meinen subjektiven Blick verlieren zu wollen, ließ ich mich lieber von den Berlin-Fotos Heinrich Zilles, von den inhaltlich und formal strengen Konzepten der Fotografen August Sander oder Lee Friedlander oder von der wunderbar poetischen Kamera Henri Alekans in Wim Wenders' *Himmel über Berlin* inspirieren. Ich wusste, dass mein Berlin-Film nur dann eine Chance hat, wenn ich den Mut aufbringe, meiner eigenen Bildphantasie zu folgen. Auf meiner Berlin-Reise galt es, Bilder zu finden, die eigene Geschichten erzählen, Sehräume schaffen, die Einblick gewähren hinter die bloße Oberfläche einer Abbildung. Ich nenne sie die »Bilder hinter den Bildern«. Darum geht es mir, und das ist mein Weg: mit Bildern Geschichten zu erzählen, die im Gedächtnis bleiben.

»Mit unendlicher Tücke und Sprödigkeit versuchte die Stadt
sich der Unerbittlichkeit meines Objektives zu entziehen.«
Walther Ruttmann

Meine große Liebe gehört dem authentischen Moment. Diesen, mit Filmgerät so schwer zu erfassenden Augenblicken, die unvorhersehbar und darin voller Überraschungen sind. Mit etwas Glück enthalten jedoch genau sie die Poesie von Realität, die, das wusste ich, mein Film unbedingt brauchte.

Ich weiß, was es heißt, tagelang, wochenlang auf der Lauer zu liegen, Motive zu suchen, reale Situationen zu finden, die in sich filmisch verdichten, was in der uns umgebenden Echtzeit zum Zeitpunkt einer möglichen Aufnahme meist »nur« unfilmisch und unvollständig existiert. »Schnüffeln« haben Thomas Keller und ich das getauft. In der Stadt, im ganz realen Leben umherziehen, auf etwas zu hoffen, von dem man gar nicht weiß, wo es sich gerade befindet, welchen Namen es hat oder in welcher Gestalt es sich zeigen wird. Das einzige, was treibt, ist der unerschütterliche Glauben, dass diese Momente existieren. Mit unendlich positiver Energie und der Ausdauer eines Marathonläufers gilt es, sie dem »normalen« Fluss der Ereignisse abzuringen. Auch für diesen Film wurden die wirklich wichtigen Einstellungen dann gedreht, wenn wir nicht mit ihnen rechneten. Viele Komponenten spielten dabei eine Rolle, das Wetter genauso wie Licht und Schatten, wie Gefühle und Energie, oder wie der bloße Umstand, ob ich gut geschlafen hatte oder nicht.

Berlin ist ein großes, großartiges und sehr anspruchsvolles Motiv. Während der Dreharbeiten hatte ich oft das Gefühl, ich müsste 500 Kameras gleichzeitig einschalten können, um ihm gerecht zu werden. Ich war an einem Ort und dachte ständig daran, was es an all den anderen Orten der Stadt im selben Moment zu filmen gäbe. Nur wenn ich es schaffte, mich von dieser Ohnmacht zu lösen, mich wirklich ohne innere Ablenkung auf eine Situation oder einen Ort einzulassen, war mein Blick frei für eine genaue Beobachtung.
Als ich mit Thomas Keller beispielsweise an einem Nachmittag mehrere Stunden auf dem Breitscheidplatz zubrachte, ohne meine eingenommene Kameraposition auch nur einmal zu wechseln, veränderte sich mit der Zeit meine Wahrnehmung. Es war, als ob sich nach und nach Ebenen und Schichten der uns umgebenden Realität auftaten, die ich zu Beginn gar nicht gesehen hatte. So entdeckte ich unweit von mir einen Mann, der mit Zigarette und Bierdose auf einer Steinbank saß und das ganze Treiben um ihn herum überhaupt nicht wahrzunehmen schien. Er befand sich in einer ganz anderen Welt als der, die ihn umgab. Plötzlich war klar, dass diese Konfrontation ein starkes Motiv war, und ich drehte eine sehr lange Einstellung.
Es war ein nicht zu planendes, sondern ein »gefundenes« Bild, ich hatte es in einem Sehraum entdeckt, der dem schnellen und flüchtigen Blick verschlossen bleibt. Andere Motive waren leichter, ich wusste, wo sie sich befanden und musste nur auf das richtige Licht warten, um sie dann wie reife Äpfel vom Baum zu pflücken. Andere wiederum waren extrem sperrig, sie wehrten sich richtig gehend, aufgenommen zu werden. Bis zu fünfmal bin ich an bestimmte Orte, um am Ende doch nicht die Perspektive gefunden zu haben, nach der ich suchte. Die Stadt hatte auf diese Weise hartnäckig deutlich gemacht, bestimmte Motive meiner Kamera nicht preisgeben zu wollen.

Was war unter diesen Bedingungen schon ein einzelner Drehtag! Manchmal führte er mit der einen oder anderen gelungenen Einstellung zum Erfolg, drei Sekunden oder eine Minute für den fertigen Film – wie konnten wir das im Moment der Aufnahme schon wissen? An manchen Drehtagen schwieg die Kamera, blieb alleine der Aufwand an Zeit, Energie und Geräteschleppen. Zu sensibel und anspruchsvoll war das ganze Unterfangen, um das kostbare Filmmaterial blindwütig und unter Zeitdruck leichtfertig zu verbrauchen.

Die Dreharbeiten begannen am 31. Dezember 2000. – Einige Einstellungen: Silvesterfeuerwerk auf dem Gendarmenmarkt. Der beste Kameraassistent, den ich kenne, mein treuer Freund und Wegbegleiter Thomas Keller, hatte aus einer Sackkarre und einer Metallbox ein Gestell gefertigt, auf dem wir unsere Ausrüstung wie einen treuen Hund hinter uns herziehen konnten. »Walther« begleitete uns auf unseren Streifzügen und ist unter dem Gewicht der Geräte nicht auseinander gefallen, bevor mit seiner Hilfe alle Bilder, die ich brauchte, gemacht waren.

In den ersten zwei, drei Monaten experimentierte ich thematisch und ästhetisch, erstellte erste Entwürfe und Strukturen, kreiste Themenblöcke ein. Parallel boten die Komponisten Iris ter Schiphorst und Helmut Oehring erste musikalische, den einzelnen Themen zugeordnete Strukturen an. In dieser Phase habe ich mit den beiden sehr viel kommuniziert. Es galt, Vorstellungen und Phantasien auszutauschen. Erste Ergebnisse wurden dann von meinen Cuttern Thomas Wellmann und Stefan Krumbiegel zum Teil in eigener Regie am Schnittplatz montiert. Darüber fanden wir heraus, mit welchen Bausteinen, welchen Rhythmen, welchen Bildern, welchen Stimmungen und Themen wir arbeiten konnten, wie Bild und Musik korrespondieren.
Im Laufe der Produktion führten wir die unterschiedlichen und noch lose verbundenen Ergebnisse immer mehr zusammen, verdichteten sie Schritt für Schritt. Aus kleinen Stücken, einzelnen Versuchen, wurden erste Blöcke, die Blöcke wuchsen, formten sich und ergaben am Ende eine Struktur von Bildern und Musik, die sich dramaturgisch so aufbaute, wie ich es wollte.

In der Endmontage eines jeden Films gibt es für mich den Moment, wo ich nach Betrachten des Rohschnitts plötzlich das Gefühl habe, es geschafft zu haben. Es ist, als ob alle Gedanken aus meinem Kopf entweichen und der Film nicht mehr in mir drin ist, sondern vor mir auf dem Schneidetisch liegt. Bei *Berlin: Sinfonie einer Großstadt* erschien mir dieser Augenblick wie ein kleines Wunder. 105 Drehtage waren vergangen, der parallel erfolgte Schnitt fast zu Ende geführt. Viele Stunden zwischen Hoffen und Bangen, Mut und Verzweiflung, zwischen Energie und Müdigkeit waren vorüber. Die Arbeit an diesem Film war ein großes Abenteuer. Ich habe es in vollen Zügen genossen und dabei viel Neues gelernt: über Stadt, über Berlin und über das Leben.

Abschließend noch einige Anmerkungen zum technischen Verfahren der folgenden Abbildungen: Als feststand, dass der Film auf 35mm und in Schwarz-Weiß gedreht werden würde, stellte sich die Frage, wie dies zu finanzieren sei. Einen Film in Schwarz-Weiß zu drehen, ist auf Grund sehr hoher Material- und Kopierwerkskosten mittlerweile wesentlich teurer als in Farbe, und wir standen vor dem Problem, für das angestrebte Drehverhältnis von 1:30 gar nicht die erforderlichen Geldmittel aufbringen zu können.

Da hatte der ehemalige Chef des Kopierwerks des SWR in Baden-Baden, Herr Pfriender, die Idee, auf Farbnegativmaterial zu drehen und es nach der Entwicklung auf panchromatisches Schwarz-Weiß-Tonmaterial zu kopieren, das normalerweise zur Herstellung von Lichttonnegativen benutzt wird. Nachdem ich mir einige Tests angesehen hatte, war ich von der Qualität dieses Verfahrens hellauf begeistert. Neben der sehr hohen Brillanz in der Auflösung entstand genau die Schwarz-Weiß-Atmosphäre, die ich mir für diesen Film wünschte. Noch dazu hatte der Einsatz von Farbnegativ den Vorteil, dass ich mit den zur Verfügung stehenden High-Speed-Materialien kein zusätzliches Licht bei den Dreharbeiten benötigte.

So drehte ich den Film mit einer 35-mm-Arriflex-Kamera auf Kodak Vision Negativ (250, 500 und 800) und ließ die Kopien des Films auf Agfa ST 8 Tonmaterial ziehen.
Die folgenden Abbildungen sind Originaleinstellungen des Films. Sie wurden als ausgewählte Einzelframes der ST 8 Positivkopie digital auf CD gebrannt und im Duo-Ton gedruckt. Auf Grund der gleichbleibenden Laufgeschwindigkeit der Filmkamera sind sie alle mit 1/50 Sekunde belichtet.

Blick vom Gasometer in Richtung Nordosten, Schöneberg

Silvesterfeuerwerk am Gendarmenmarkt, Mitte

Silvesterfeuerwerk am Gendarmenmarkt, Mitte

Hofjägerallee mit Blick auf die Siegessäule, Tiergarten

Kopischstraße, Kreuzberg

Rykestraße, Prenzlauer Berg

HOTEL
BERLIN

Zeitungsdruckerei, Lichtenberg

Dönerherstellung, Reinickendorf

Schaschlikherstellung, Charlottenburg

Gasturbinenwerk, Wedding

Gasturbinenwerk, Wedding

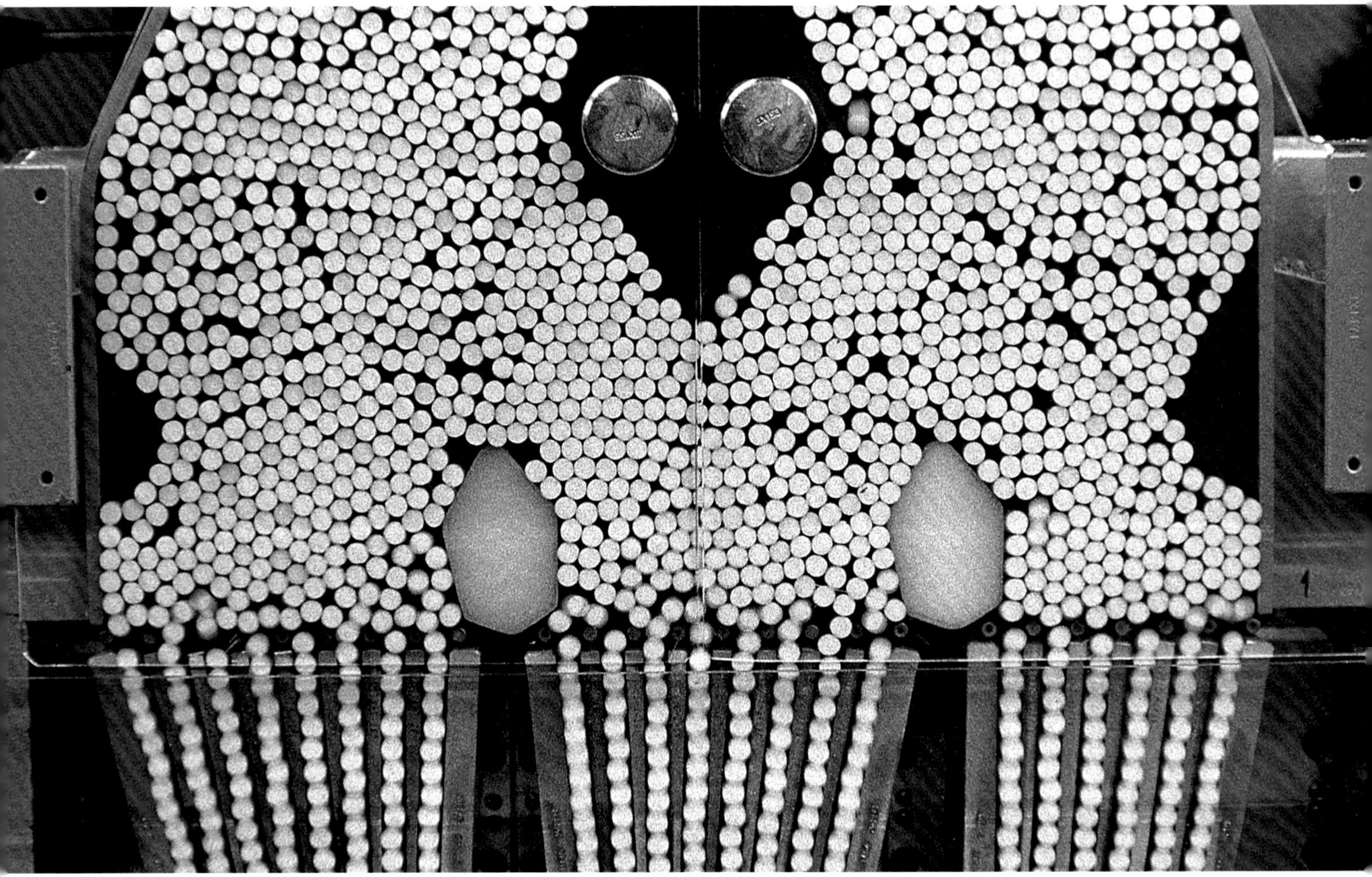

Zigarettenherstellung, Wilmersdorf

Großbäckerei, Weißensee

Blick vom Treptower in Richtung Westen, Treptow

Checkpoint-Charlie-Denkmal in der Friedrichstraße, Mitte

Checkpoint-Charlie-Denkmal in der Friedrichstraße, Mitte

Blick vom Leipziger Platz in Richtung Potsdamer Platz, Mitte

Blick vom Sony Center in Richtung Osten, Mitte

Blick vom Platz des Holocaust-Mahnmals in Richtung Potsdamer Platz, Mitte

Forum des Sony Center, Mitte

Im Ludwig-Erhardt-Haus in der Fasanenstraße, Charlottenburg

In der DG-Bank am Pariser Platz, Mitte

Stadtring Nord mit Blick auf das ICC, Charlottenburg

Stadtring Süd, Wilmersdorf

Maybachufer, Neukölln

Wochenmarkt am Maybachufer, Neukölln

Potsdamer Platz, Mitte

Im KaDeWe, Schöneberg

Im KaDeWe, Schöneberg

Blick vom Bahnhof Zoo auf die Kaiser-Wilhelm-Gedächtniskirche, Charlottenburg

Kurfürstendamm, Charlottenburg

Straße des 17. Juni, Tiergarten

Pergamonmuseum, Mitte

Kundgebung nach dem 11. September, Mitte

Kundgebung gegen die Globalisierung, Mitte

Staatsempfang im Bundeskanzleramt, Tiergarten

Bundeswehrgelöbnis, Mitte

Im Paul-Löbe-Haus, Tiergarten

Blick aus dem Reichstagsgebäude in Richtung Westen, Tiergarten

In der Kuppel des Reichstagsgebäudes, Tiergarten

In der Kuppel des Reichstagsgebäudes, Tiergarten

Graffitti der sowjetischen Besatzer im Reichstagsgebäude, Tiergarten

Blick aus dem Reichstagsgebäude in Richtung Osten, Tiergarten

Olympiastadion, Charlottenburg

Olympiastadion, Charlottenburg

Jüdischer Friedhof, Prenzlauer Berg

Jüdischer Friedhof, Prenzlauer Berg

Sowjetisches Ehrenmal im Treptower Park, Treptow

Ehemaliger Luftschutzbunker, Wedding

Bernauer Straße, Wedding

Cuvrystraße, Kreuzberg

Allee der Kosmonauten, Marzahn

Zossener Straße, Hellersdorf

Ernst-Thälmann-Denkmal, Prenzlauer Berg

DIE GRENZE VERLÄUFT
NICHT ZWISCHEN den VÖLKERN
SONDERN ZWISCHEN OBEN
UND UNTEN

Golfabschlagplatz an der Chausseestraße, Mitte

Kreuzberg

Kreuzberg

Prenzlauer Berg

Love-Parade, Tiergarten

Breitscheidplatz, Charlottenburg

LAGER
SCHWARZ

Siemensstraße/Ecke Beusselstraße, Moabit

Ohlauer Straße, Kreuzberg

Karneval der Kulturen, Kreuzberg

Feuerwehrmann im Einsatz, Charlottenburg

Blick vom Fernsehturm, Mitte

Blick vom Fernsehturm, Mitte

Suppenküche, Pankow

Im Strandbad Wannsee, Zehlendorf

LMPREIS
einsbank

DEUTSC

Freilichtkino vor der Alten Nationalgalerie, Mitte

Beim Eishockeyspiel Preußen gegen die Eisbären

Auf dem Sechstagerennen

Modenschau

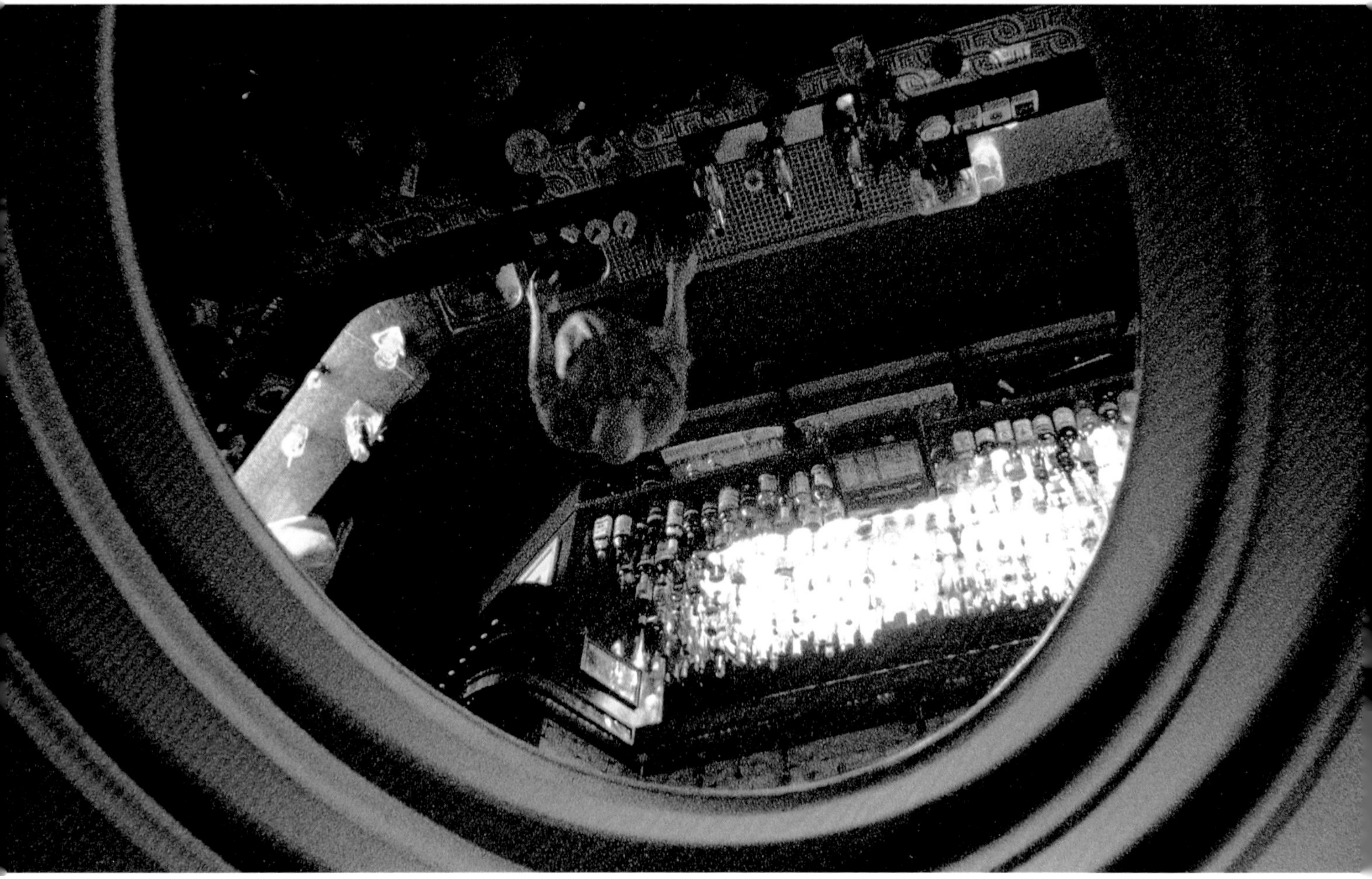

Bar, Mitte

Club, Mitte

Blick durch die Neue Nationalgalerie in Richtung Potsdamer Platz, Tiergarten

Vor dem Einlass

Blick vom Hochhaus am Potsdamer Platz in Richtung Osten, Mitte

Landsberger Allee, Marzahn

Blick vom Treptower in Richtung Westen, Treptow

Rosa-Luxemburg-Straße, Mitte Seiten 26/27
Schwedter Straße, Prenzlauer Berg Seiten 36/37
Prenzlauer Berg Seiten 50/51
Bundeskanzleramt, Tiergarten Seiten 64/65
Mauergedenkstätte in der Bernauer Straße, Wedding Seiten 82/83
Köpenicker Straße, Kreuzberg Seiten 90/91
Verleihung des Deutschen Filmpreises in der Deutschen Staatsoper, Mitte Seiten 110/111

DAS KALTE LICHT DER GROSSSTADT Hans-Jörg Rother

Auch seine Treffpunkte können einen Filmemacher charakterisieren. Wir hatten uns im »Einstein« Unter den Linden verabredet. Es war ein sonniger Sonntagvormittag im Mai. In der Tasche trug ich Thomas Schadts Buchmanuskript *Das Gefühl des Augenblicks*, ein Credo nach zwanzig Jahren Regieerfahrung. Ich hatte nur wenig daran anzumerken. Es würde ein überzeugendes, gut lesbares Buch werden, ein Manifest des von Schadt verfochtenen streng authentischen Stils bei der dokumentaren Betrachtung der Gegenwart.

Die Tische vor dem noblen Café an der Ecke zur Neustädtischen Kirchstraße, wo ich soeben die Amerikanische Botschaft unter den argwöhnischen Blicken der Sicherheitsbeamten passiert hatte, waren an diesem frühen Morgen alle noch unbesetzt. Ich schaute in das kühle, von Kaffeeduft durchzogene Innere, aber unter den wenigen Gästen, die dort ihren Cappuccino genossen, war Schadt nicht zu erblicken. Ich wandte mich um, ob er vielleicht vom Brandenburger Tor her die Straße herabkäme, da sah ich ihn vom Mittelstreifen, wo auch noch Tische und Stühle unter den Lindenbäumen standen, lebhaft zu mir herüberwinken.

Wir saßen dann dort ziemlich allein. Schadt trank Kaffee, ich einen lauwarm servierten Tee, und ich überlegte, weshalb Schadt diesen lauten Platz gewählt hatte, wo in regelmäßigen Abständen, im Rhythmus der Verkehrsampel, Autokolonnen donnernd vorbeifuhren und uns mit Abgasen versorgten. Es war kein Ort, wo man in Ruhe miteinander reden konnte, aber vielleicht ein guter Beobachtungsposten für jemanden, der für Berlins jüngere Historie ganz wach sein will.

Hinter uns lag der vorläufige Sitz der Amerikanischen Botschaft, auf der anderen Seite der gewaltige Komplex der Russischen Botschaft, aus deren Vorgarten der monumentale Kopf Lenins verschwunden war. Geradewegs stand das zu diesen Zeitpunkt noch nicht eingerüstete Brandenburger Tor, in entgegengesetzter Richtung das Reiterstandbild Friedrich des Großen, dessen Pferd vor dem Anblick des skelettierten Palastes der Republik scheuen mochte. Schadt hatte in der Mitte der Mitte des weiträumigen Berlins Posten bezogen. Alle diese tausendfach abgelichteten, historischen Gebäude an der *via triumphalis* würden im Film nicht vorkommen – abgesehen von den Blumen, die man Mitte September, vier Monate nach unserem Treffen im Einstein, an der Absperrung der Amerikanischen Botschaft als stumme Solidaritätsgrüße nach den Flugzeugattacken auf das World Trade Center in Manhattan niederlegen würde. Vielleicht die einzige Sequenz, an der man die Entstehungszeit der *Sinfonie einer Großstadt* später würde ablesen können. Zwei Monate darauf waren die Blumen vor dem Gitter weggeräumt, und eine dichte Reihe von Polizisten sperrte die Neustädtische Kirchstraße ab, während einige tausend

Demonstranten mit blauen Luftballons in der Hand sehr still zur Friedenskundgebung auf der Westseite des Brandenburger Tores zogen.

Es konnte kein konzentriertes Gespräch werden, eher eine Plauderei, zu der man am Sonntagvormittag aufgelegt ist, geteilt zwischen der Aufmerksamkeit für den Bekannten am Tisch und für die Umgebung. Schadt schien mir von einer gespannten, federnden Wachheit. Niemals würde oder konnte er den Rhythmus des Berliner Lebens als Triumph von Technik und Moderne naiv lobpreisen, wie es sein Vorgänger Walther Ruttmann vor fünfundsiebzig Jahren getan hatte. Die Geschichte der zweiten Hälfte des 20. Jahrhunderts lastete auf Berlin, auch wenn der Verkehr wieder ungehindert zwischen dem Osten und dem Westen der Stadt floss. Nicht weit von unserem Caféhaustisch waren die Türme des Potsdamer Platzes in den Himmel gewachsen, zumindest nach Berliner Maßstäben, und im Reichstagsgebäude tagte wieder das gesamtdeutsche Parlament.
Doch die Erinnerungen an das Gestern bremsten jeden davonfliegenden Gedanken und konnten, wie auch die neuen Notstände, nicht à la Ruttmann vom hämmernden Rhythmus der Maschinen, an deren Stelle inzwischen Automaten getreten waren, und des sich selbst behindernden Verkehrs verschluckt werden.

Doch ein Berlin-Film als Spiegel der Zeit war wieder möglich geworden. Das Tempo der Stadt hatte sich vervielfacht, seitdem West-Berlin kein geschütztes Areal mehr bildete und Ost-Berlin von seiner Repräsentationspflicht für die DDR befreit wurde. Man konnte diesen Energiestrom Unter den Linden gut spüren. Hier fließen Vergangenheit und Gegenwart ineinander. Die Gefahrenstellen der Stadt fallen erst ins Auge, wenn man in den Berliner Alltag abtaucht. Dem waren wir hier enthoben. Für eine knappe Stunde spielten Schadt und ich die Flaneure, die prächtige Häuserfassaden genießen und sorglose Caféhausstunden addieren. Eine Kamera hatte Schadt nicht mitgebracht. An dieser Sitzecke gegenüber einem Laden für wertvolles Meißner Porzellan, nicht weit von der Komischen Oper, in Schrittnähe zum feierlichen Innenhof der Preußischen Staatsbibliothek, zum Portal der Humboldt-Universität, zur Alten Wache und dem Zeughaus, zum Kronprinzenpalais, der Staatsoper und der Guggenheim-Dependance in Berlin kann jedermann zufrieden durchatmen.

Aber für einen Dokumentarfilmer, dessen Thema diese Stadt ist, bleibt mitten am Tag nicht mehr als eine Stunde Ruhepause. Bald stießen Thomas Keller, Schadts Kameraassistent und selbst ein gestandener Regisseur, sowie Lisa Breuer, die als Produktionsassistentin unter anderem die Aufgabe hatte, für die mehr als hundert Drehgenehmigungen zu sorgen, zu uns. Keller legte die 35-mm-Kamera auf einen Stuhl. Es wurde Zeit, zum nächsten Drehort aufzubrechen. An diesem Tag sollte es das einstige Palast-Hotel am anderen Ende der Prachtstraße sein, an dem schon die Abrissbirne wütete.

Bevor alle aufstanden, bot mir Thomas Schadt an, ihn am folgenden Sonnabend beim Drehen im ehemaligen Untersuchungsgefängnis der Staatssicherheit in Hohenschönhausen zu begleiten. In den Zeiten der DDR hatte die Gegend gemieden, wer dort nicht unbedingt hin musste, auch ich. Und heute gehört die Gedenkstätte, über die viele Zeitungsartikel erschienen waren, nicht unbedingt zu den bevorzugten Besuchszielen der Stadt. Der Bus setzte mich in einer sonnenhellen, menschenleeren Straße ab, über deren Kopfsteinpflaster an diesem Vormittag nur wenige Autos holperten. In den Vorgärten zwitscherten die Vögel. Schadt war wieder vorzeitig zur Stelle, dieses Mal mit seiner Frau, einer aus München stammenden Architektin, die mich, während sich die Aufnahmen hinzogen, fragen würde, wie die Anwohner seinerzeit wohl mit dieser unheimlichen Nachbarschaft zurechtgekommen wären. Da hatten wir einen der endlos langen Zellengänge durchschritten sowie den nicht minder langen Flur mit den Vernehmungsräumen, in denen noch die in Serie gefertigten Schreibtische der DDR und verstaubten Polsterstühle standen. An einer Wand hing über dem Telefon mit Wählscheibe ein Foto des Tscheka-Gründers Felix Dserschinski, Vorbild für jeden Genossen des Geheimdienstes der DDR.

Wir blieben auch eine Weile in dem vergitterten Mauergeviert, wo Gefangene einzeln am Tag eine Stunde oder weniger Zeit hatten, frische Luft atmen zu können, aber nicht zu den Wachsoldaten über ihren Köpfen aufblicken durften. Schadt und Keller standen eine Weile dort oben und warteten darauf, dass ein Passant die Straße beleben würde. Das Warten auf den richtigen Augenblick ist die Hauptsache beim Drehen, wie auch beim Fotografieren, erklärte mir Schadt ein paar Wochen später im Reichstag, als er die Kamera durch eine Glasscheibe auf die vor dem Portal aufgerichtete schwarzrotgoldene Fahne gerichtet hatte und partout kein Windstoß sie zum Flattern brachte.

»Wahrscheinlich wollten die Nachbarn lieber nicht so genau Bescheid wissen«, vermutete ich und zuckte die Schultern. Womöglich, nein sicher gehörten sie selbst zur »Firma«. Die schmucken kleinen Zweifamilienhäuser im Schatten der unter Denkmalschutz gestellten Wachtürme und des rostenden Stacheldrahtes waren erst vor kurzem bezogen worden. Junge Frauen pflanzten an diesem schönen Sonnabendvormittag Blumen in den Gärtchen, und ihre Kinder spielten im Sand, während wir durch die seit langem ungeputzten Fenster nach außen spähten. Einstellung folgte auf Einstellung, genau nach dem Plan, den Schadt im Kopf hatte. Jedes Mal stellte Keller das Stativ auf, schraubte die schwere Kamera fest und verband sie mit dem Akkukästchen. Prüfend schaute Schadt durch den Sucher, dann surrte die Mechanik. Kein Scheinwerfer leuchtete die Zelle mit hölzernem Bettgestell, Wasch- und Toilettenbecken aus. Nur die nackte Glühbirne über der Tür, die dem Gefangenen den Schlaf rauben konnte, und das matte Licht, das durch die Milchglasscheibe drang, erhellte die Szene. Dämmerung wird diese Sequenzen erfüllen, im Gegensatz zu den Straßenaufnahmen, wo die Sonne für scharfe Schatten sorgte.

Im Keller, dem berüchtigten »U-Boot« der Haftanstalt, wo die sowjetischen Vorgänger der Stasi Folterzellen eingerichtet hatten, verzichtete Schadt auf Aufnahmen, vielleicht nicht allein wegen des zu trüben Lichts unter der Erde.

Als wir gegen Mittag das schwere Tor des nur noch von einem Pförtner bewachten Areals hinter uns ließen, fragte ich den Regisseur, ob er das so genannte Kapitulationsmuseum in Karlshorst kenne, wo am 8. Mai 1945 Schukow und Keitel die Urkunde der bedingungslosen Kapitulation des Deutschen Reiches unterzeichneten. Ich beschrieb ihm den Saal des einstigen Offizierskasinos mit der wiederhergestellten Sitzordnung von damals und den grünen Tischdecken, auf denen Wassergläser in Reih und Glied stehen, sowie die zu beiden Seiten des Gebäudes dekorativ postierten Panzer und Geschütze, die mittlerweile sehr altmodisch wirken. Doch im Bauplan des Films kam dieser Ort nicht vor, umfangreich dagegen das Denkmal im Tiergarten und die pompöse Anlage im Treptower Park. Auch der Reichstag konservierte die Erinnerung an das Kriegsende: in Gestalt der restaurierten kyrillischen Mauerinschriften, die mancher Abgeordnete inzwischen als störend empfindet.

Der Reichstag zog Schadt in seinen Bann. Nicht dass ihm der Alltag der Stadt nicht wichtig war: Kaum einen wesentlichen Bereich ließ er aus, nicht völlig oder teilweise automatisierte Fertigungsstrecken in Betrieben und nicht die überhitzte Stimmung der Diskotheken und Nachtbars, nicht den von der Polizei auf seinem Schlafplatz im Gebüsch aufgestöberten Obdachlosen und die zur Armenspeisung angetretene trostlose Reihe der Kostgänger der Caritas, nicht den wiederkehrenden Blick morgens, mittags und abends vom Fernsehturm am Alexanderplatz, nicht das Feuerwerk, mit dem man das neue Jahrtausend empfing, und nicht die Zeitungen, wie sie abends von den Rotationspressen ausgeworfen werden und die Stadt mit Berichten, Meinungen und Klatsch aus aller Welt versorgen. Doch der Reichstag mit Fosters durchsichtiger Kuppel würde im Film die wichtigste Rolle spielen.

Schadt hat sich während der letzten Jahre mit seinen Filmen auf diese Arbeit vorbereitet, auch wenn er noch nicht an sie dachte. Er hat erkundet, wie Menschen in Berlin, größtenteils vergeblich, wieder um einen Arbeitsplatz kämpfen, und hat die Bauwut auf dem Potsdamer Platz diskutiert. Man sah, wie zwei hauptstädtische Zeitungen um die Vorherrschaft streiten. Börsianer fand Schadt an der New Yorker Wall Street. Im Schweriner Schloss hielt er probeweise schon einmal die Verfahrensweise der Parteien und Ausschüsse hinter den Kulissen eines Landesparlamentes fest. Dazwischen protokollierte er, kommentarlos und ausdauernd, den Wahlkampf Gerhard Schröders, in einem zweiten Film das Agieren des Kanzlers in seinem Amt und manche einsame Minute während der Pausen.

Schadt, der Nürnberger, lebt seit gut zwanzig Jahren in Berlin, der einzigen Großstadt Deutschlands, die diese Bezeichnung verdient, sagt er. Aber erst jetzt, seitdem Berlin wieder Hauptstadt ist und von Baukränen überragt wird wie kaum ein anderer Ort in Europa, kommt die Stadt für seine Kamera in Betracht. Die Spaßgesellschaft und die neue Armut, Empfänge, linke Demonstrationen und rechtsradikale Aufmärsche, die lange Reihe der Wartenden auf den Arbeitsämtern und Berge von Müll kann ein Filmemacher an jedem größeren Ort finden. In Berlin bildet dies alles aber die Rückseite der großen Politik, die auf den Zustand der Gesellschaft wie auf die von außen kommenden Aufgaben reagieren muss. Schadt will erfahren, wie das soziale Leben und auch wie Politik funktioniert. Ein Aufklärer erzählt die von ihm erfahrenen Geschichten.

Wir trafen uns am frühen Morgen vor dem Diensteingang zum Reichstag. Diesmal wurden zwei Kameras benötigt. Die eine postierte Schadt auf der Tribüne der Fernsehberichterstatter. Mittags begann eine Fragestunde der Opposition, danach trat der Bundestag zur Beratung des Haushalts zusammen. Auf den Inhalt kam es in dem Stummfilm nicht an, sondern allein auf die visuelle Wirkung. Peter Schmidt, auch er ein vertrauter Mitarbeiter Schadts und eigenständiger Regisseur, wurde der Warteposten anvertraut. Währenddessen telefonierte Schadt lange nach der Amtsperson, die ihm und Thomas Keller die Erlaubnis erteilt hatte, die zweite Kamera eine Etage höher, auf einem Übergang außerhalb des Plenarsaals aufzustellen. Der Weg ist Abgeordneten und Mitarbeitern vorbehalten und für Berichterstatter normalerweise nicht vorgesehen. Aber genau hier fand Schadt die gewünschten Spiegel- und Schatteneffekte, deren metaphorische Wirkung den Kommentar ersetzt.

Im Widerschein der Glasflächen sah es aus, als würden die Besucher, die unten durchs Portal kamen, um per Fahrstuhl auf die Aussichtsplattform zu gelangen, geradewegs auf die Regierungsbank und die Sitze der Abgeordneten zuströmen. Durch die gläserne Kuppel waren die Leute dann als bizarre Schatten zu erkennen. Man konnte sie für unruhige Wiedergänger des Wahlvolkes halten, die es mit der Stimmabgabe nicht bewenden lassen wollen, sondern das Parlament auskunftheischend bedrängen.

Der britische Architekt mochte diese symbolische Durchsichtigkeit des Materials bewusst eingeplant haben, die Schadt nun auf seine Art nutzte. Auch Filmbilder können die Demokratie beim Wort nehmen. Die Ironie des Spiels mit Metaphern war nicht zu übersehen. Schadts Filmsinfonie, auch die Fotos weisen es aus, erklärt Große wie Kleine der Gesellschaft zu Virtuosen eines Orchesters, das mit dem Kontrapunkt vertraut ist, Soloeinlagen wünscht und über die eigenen Dissonanzen nicht zur Ruhe kommt.

WAHRE MOMENTE Birgit Galle

Ein Fotograf wartet auf die Wirklichkeit und sucht sie zugleich. Wenn die Wirklichkeit ihm dann mit einem Bild kommt – das ist der wahre Moment. Der wahre Moment für das wahre Moment gewissermaßen. Da greift eins ins andere. Aus dem gesehenen Bild wird ein Bild gemacht, in das die künstlerische Eigenart des Fotografen genauso wie seine technische Fertigkeit eingehen. Auch da greift eins ins andre. Wahre Momente wahrzunehmen heißt, die Gelegenheit sehen und die Gelegenheit nutzen, der Wirklichkeit und ihren Einmaligkeiten sehr nahe kommen. Wer das Foto später betrachtet, wird das nachempfinden, und das Seine dazutun. Wahre Momente. – Das Gefühl des Augenblicks, so sagt Thomas Schadt dazu. In Anlehnung an Robert Frank.

Das Gefühl des Augenblicks, so nannte Thomas Schadt einen seiner früheren Filme, der mit dem Fotografen Robert Frank zu tun hat und mit dessen Fotoband *The Americans* aus den fünfziger Jahren. Beeindruckt von diesem Fotoband, von der neuen, subjektiven Sichtweise Robert Franks, ist Thomas Schadt Fotograf und dann Dokumentarfilmer geworden. Schadt fuhr Ende der achtziger Jahre nach Amerika. Er suchte die Begegnung mit Robert Frank und mit den Orten seiner Bilder. Robert Frank gewährte den Besuch. Er ließ ihn zu sich. Schadt filmte, wie New York durch das Fenster von Robert Frank aussieht. Das Draußen. Er porträtierte zugleich das Fenster selbst, die Scheibenspiegelung, das Drinnen, sowie ein seltsames Spielzeug im Zimmer. Der alte Robert Frank greift danach, es ist ein Hühnchen. »Das ist ein wichtiger Augenblick, Sind Sie bereit?«, sagt er, und das Spielzeug-Hühnchen legt ein Spielzeug-Ei. Frank lacht und lehnt sich zurück. Das Entscheidende am Huhn ist das Ei. Schadt hakt vorsichtig nach: »Und was ist es in der Fotografie?« – »Dass man Mitgefühl hat mit den Menschen, dass man nicht den großen Künstler spielt.«

Jeder Fotograf wartet auf seine Wirklichkeit und sucht seine Wirklichkeit. Darum verlässt Schadt auf seiner Reise durch Amerika allmählich die Bildorte Robert Franks. Schadt findet Bilder und die Wirklichkeit auf seine Weise. Einer der wahren Momente ist das Porträt eines alten Paares, das einer Dixieland-Band aus alten Männern zuhört. Der Wind bewegt die Bäume und die Notenblätter. Das Gefühl des Augenblicks. Da kann man verstehen, was Heute und Immer sind. Schadt spielt nicht den Künstler und hat Mitgefühl mit den Menschen.

Bäume wie diese amerikanischen – es greift wieder eins ins andere – sieht man jetzt wieder. In Berlin. Baumspitzen, denen der Wind in die Seite fährt. So fängt sich in den Spitzen das Sommerliche dieses Tages, so setzt sich im Kleinen die Hauptgeste des Bildes fort. Der Kniefall eines Soldaten aus Stein. Eine edle Geste, so wie edle Gesten aussehen, wenn die Kriege vorbei sind. Gesten auf erhöhten Plätzen. Die Baumspitzen lächeln. Zu diesem Bild gehören außerdem eine dunkle Memorialwand – sie macht an einem Rand Druck von oben bis unten – und sehr, sehr viel Himmel. Himmelsraum. Seine Wolken bilden weiche, heitere und unpathetische Gegenformen zum Starren. Das Bild verharrt bei dem Unverrückbaren, ebenso geht es ins Offene, dahin, wohin sich der Soldat und die Bäume neigen. Weg von dem dunklen Hochkantstück, das ein Zeichen für die konkrete Deutung liefert: Hammer und Sichel. Wo sonst in Deutschland gibt es das? Wo sonst außer in Berlin? Wir wissen, warum: die Geschichte, Krieg... Das Bild ist ein Sommerbild und ein Geschichtsbild und ein Berlin-Bild. – An einem wolkenlosen Tag hätte Schadt dieses Bild vermutlich nicht gesehen – und gemacht. Ohne Wolken wäre es spannungslos geworden. Ohne Wolken und Wind hätte sich die Zeit vielleicht überhaupt nicht abbilden lassen.

Das Bild ist tatsächlich mit einer 35-Millimeter-Filmkamera entstanden. Es ist eine Einstellung aus einem Film. Szenenfotos heißen im Amerikanischen Stills. Liegt in diesem Still nicht schon der Klang von wahren Momenten und von dem was Thomas Schadt hier gemacht hat? Einen Berlin-Film, der aus Fotografie besteht? Der es mit transparentem Grau, mit Schwarz und Weiß und ohne alle Buntheit versucht? Der schon im allerersten Bild die Blick-Hoheit des Fotografen auf die Wirklichkeit Berlins offenbart. Eine kleine Statue steht wie abflugbereit im dunklen Silvesterhimmel. Wer jetzt an den Engel im *Himmel über Berlin* denkt, an Wenders also, und auch an Jürgen Böttcher, der liegt bestimmt nicht falsch. Ein paar Lichtflecken umkreisen die Figur da oben wie ein Wattebauschgestirn und bekränzen sie. Ein Feuerwerk sprüht bogenförmig. Es ist ein Bild, das stark und sanft ist. Es geht nicht auf einen los. Es lädt zum Sehen ein. – Das Gefühl des Augenblicks. Wahre Momente. Nicht den großen Künstler spielen.

Solche Bilder kann man sich nicht »erzoomen«. Schadt zog durch Berlin. Hier lebt er seit zwanzig Jahren, inzwischen ist es auch »seine Stadt« geworden. Er schleppte die Kamera durch Berlin, die so schwer und sperrig ist wie ein Holzkoffer, er hatte Schwielen an den Händen – und suchte die wahren Momente. »Diesen Film kann man nur im Laufen machen.« Er scannte die Gegenden, guckte in Höfe wie in fremde Töpfe, erkundete, checkte; sein Auge ist der Sucher. Er nennt das »Schnüffeln«. Hinter der Friedrichstraße etwa stieß er einmal in eine unvermutet stille Ecke vor – mit Einschusslöchern aus dem Weltkrieg und mit Feierabendstimmung in der Luft. Ein Bild nahm er nicht mit, er sah keins, »ich kanns einfach nicht so verdichten«. Anders als in Hellersdorf, wo er einen Berg hochlief und »am Wegesrand« fünf Kinder und zwei Hunde sah, auf einer Tischtennisplatte. Das ergab mehr als ein Abbild, das ergab einen poetischen Mehrwert.

Neben dem »Schnüffeln« gab es noch das »Pflücken«. Nach Plan, an vorab erkundeten Stellen. Der Plan hing an der Wand seines Produktionsbüros. Sieben Schritte breit. Berlin in diversen Rubriken: Architektur, Politik, Sport, Kultur, gesellschaftliches Leben, Institutionen, Geschäftsleben/Wirtschaft, Geschichte/Historisches, Stadtbild, Natur. Die Architekturrubrik – proppenvoll: von Reichstag (Kuppel) bis zu Haus d. Rdf. (Lobby). Unter Institutionen – von Hand ergänzt: Tierpark Friedrichsfelde. Zu Geschäftsleben/Wirtschaft gehörte Großes Postpaketverteilamt genauso wie Erotikmesse. Wenn Schadt von einem Golfabschlagplatz mitten in Berlin erfuhr, kam wieder ein Ort dazu.

»Keller, hier bleiben wir mal«, sagte Schadt ab und an beim Schnüffeln und Pflücken. Dann brachte Keller, der Assistent, die sperrige Sackkarre zum Stehen. Schadt und Keller verstehen sich wie ein altes Paar. Schon seit langem. Keller hat selbst zwei Filme gemacht und für gute Leute hinter der Kamera gestanden. Aber nur für Schadt schob und zog er eine Sackkarre, auf die eine schwere Kiste geschweißt war. Vorne mit Extrakiste fürs Stativ. Also, hier bleiben wir mal – Stativ raus und zum Dreifuß aufgeklappt, Kamera aufs Stativ stemmen, Karre hinlegen, Kiste auf, eines der sechs Objektive raus, Kiste zu, Karre wieder hochkant hieven, Karre zur Kamera bugsieren, Akku an die Kamera anschließen. Blende, Schärfe, Kunst. Keller: »Man muss wissen, was man von einem Bild will.« Nämlich, dass Lichter eine Korona haben, dass Müßiggänger gar nicht mitkriegen, wie die Kamera vor ihnen surrt und sie filmt, dass Bewegungen von links und Bewegungen von rechts ins Bild rennen, flanieren, Gassi gehen. Dass Berlin zur Stadt an sich wird und Berlin bleibt... Und das ging für Schadt nur mit einer solchen 35-mm-Kamera, mit sechs Objektiven, also sechs verschiedenen Breitenweiten, -tiefen, ohne »Schnickschnack«. Es konnte sein (und erging ja Robert Frank nicht anders), dass zehn Stunden Suche nur zwei Bilder einbrachten. Ein Sektglas, ein Zigarettenrauch, eine Frauenhand – die zwanziger Jahre, voilà! Der klein gefächerte Anblick der Dächer am Abend, die Spree – eine Flusslandschaft von romantischer Intensität. Es konnte sein, dass Schadt nach einem Filmtag eigentlich keinen Mumm mehr hatte, sich dennoch aufraffte und dann an einem Hochhaus vorbeikommt, das er schon mal gefilmt hat – aber nun gleißt es fast weiß, so hell liegt die Abendsonne darauf. Wahre Momente, das Gefühl des Augenblicks.

Ein anderes Bild sieht später so aus: Morgen. Eine Gegend, wo die Straßen Namen wie Allee der Kosmonauten tragen Man weiß, wo in Berlin das ist, ohne dass man je dort gewesen sein oder einen Namen wie Allee der Kosmonauten je gehört haben muss. Ein ganz früher Morgen. In der Fassade des einen Wohnblocks, in einer Reihe von Fenstern spiegelt er sich schon. Der andere Wohnblock liegt noch im Schatten, pathetisch gesagt: im Schatten der Nacht. Die zwei geraden Blocks stehen im sanften Winkel Schulter an Schulter. Über ihnen graut der Himmel. Die Lichter der Peitschenmasten durchsetzen das Ungefähr des Vordergrundes mit Punkten. Der Bogen einer Zufahrtstraße lässt sich erahnen. Das Gefühl des Augenblicks: Plattenbaufrieden.

Jeder will Berlin haben. Berlin ist aber schon breitfotografiert und totgefilmt und von hinten bis vorne benutzt. Und es gibt den vielen und viel zu schnellen Fotografen und Filmern blanke Klischees zu fressen. Metropolen-Mosaik, Potsdamer Platz, Olympiastadion, Prenzlauer Berg, Plattenbauten, Mauer, Spree. Um diese »Schauplätze« kam auch Schadt nicht herum. Was machte er? Er nahm den Himmel von Berlin, er nahm die Buden von Berlin mit ins Bild, den halben Fernsehturm und nicht den ganzen. Die Schatten, die Leuchtspuren der Lichter. Das feine Gestänge der Baukräne, das Kabelwirrwar vielerorten, Bestrebungen in verschiedenste Richtungen: So entsteht eine Grafik, die ins Tiefe geht. Räume verschränken sich, Großes und Kleines, Hartes und Weiches, Gerades und Ungerades. Strukturen und Kontraste; Berlin ist ein Körperwesen, es ist allerorten vieles auf einmal. Bei Schadt gewinnt das oft eine nüchterne Leichtigkeit. Durch den Sucher seiner Filmkamera zu schauen, hieß Fotografie zu sehen. O, wirklich schön! Ein neuer Blick. Hieß, Berlin typisch und doch anders zu sehen. Die Volksbühne neu, der Hackesche Markt neu, die Drehwerbung vom Berliner Verlag – neu. Einmal, nach zehn Stunden, bekam Schadt die Kamera nur noch mit Mühe aufs Stativ. Er stand vor einem Döner-Imbiss, filmte durch die Scheibe (!), in der sich die vorbeifahrende Straßenbahn spiegelte – und was macht der Kerl an der Dönerkeule da drinnen? Hört auf zu arbeiten. Schadt aufgeregt: »Säbel, säbel, runter mit dem Zeug!« Der Typ kapiert und säbelt. Schadt hat der Wirklichkeit hier einen Stups gegeben. Ansonsten ist auf die Wirklichkeit wunderbar Verlass: Sie gibt die wahren Momente, lässt Vögel durchs scharfe Dreieck der Dächerlinien fliegen oder knipst eine ganz bestimmte, sehr faule Straßenlaterne im letzten Moment doch noch an oder schickt ein schwarzgekleidetes Grüppchen G-8-Gegner vors »Adlon« und dann einen echten Schwarzen, der aus einer Limousine aussteigt und im Hotel verschwindet. Oder eine Hutschranze fängt an, im VIP-Bereich bei den German Open mit der Kamera zu kokettieren. Schadt lässt sie. Er weiß, wen er vor sich hat.

Dass man Mitgefühl mit den Menschen hat. – Dem rauchenden Trinker nicht auf die Pelle rücken. Nicht um die Ecke schauen, zu wem das Bein gehört, das so obdachlos daliegt, inmitten der allgemeinen Laufhast. Eine Hand porträtieren, eine sehnige, mehlbestäubte Arbeiterhand zur Dürerhand machen. Männer beim Brettspiel zeigen, die sich für den Straßenkampf hautnah bei ihnen nicht interessieren. Aberwitziges Aufspüren, wie den Punker bei der Demo, im weißen Hemd, mit aufgerollten Ärmeln, kariertem Schlips, und mit der Lederjacke über der Schulter. Dazu die lahme Irokesenbürste und ein verzagtes Gesicht. Er ist ein Solitär, so wie das Brandenburger Tor hinter ihm. Oder die Frau, die als kleiner Mensch in einer Riesenhalle zwischen Maschinenkästen sitzt, in einer Riesenhalle, durch die in zig Windungen ein überdimensionales Gliederarmband, ein Förderband läuft. Auch dieses Bild sieht aus wie ein Hologramm. Und die Lichter liegen darin wie schmale Gedankenstriche.

MUSIK DER STADT Lydia Jeschke

Verwirrung der Sinne und Strukturen: ein geschäftiges Treiben erscheint plötzlich als gespannte Erwartung. Ein freudiger Tumult mündet ins Leere. Ein leerer Platz gerät in Hektik. Ein konkreter Augenblick dehnt sich ins beinahe Zeitlose.
Oft genug steht die Musik Helmut Oehrings und Iris ter Schiphorsts mit ihren statischen, langausgehaltenen Klängen, ihren plötzlichen Pausen, den davoneilenden Tongirlanden oder groovenden Wiederholungsschleifen zu den Bildern von Thomas Schadt im rhythmisch spannungsreichen Widerspruch. Es scheint, als erhebe sie Einspruch gegen die eine, die sorgfältig ausgewählte, kunstvoll eingefangene und im Ergebnis scheinbar selbstverständliche Perspektive. Anders gesagt: gegen den – durch das Kameraauge wie auch das menschliche Gesichtsfeld immer eingegrenzten – Blick auf die Stadt. Und tatsächlich: Wie sprechend auch die einzelnen Szenerien, wie vielfältig die Assoziationen, die die Montage auslöst, wie eindrucksvoll auch die Variationen der Bild-Geschwindigkeiten – für den Zuschauer des Films, den Betrachter der Bilder bleibt es ein visuelles Nacheinander, eine Reihung einzelner Eindrücke. Im fokussierenden Schauen, im zeitlich geordneten und räumlich klar strukturierten Wahrnehmen liegt die Kompetenz des Auges.

Hörsinn Die Kompetenz des Ohres dagegen liegt in seiner Richtungslosigkeit. Wo das Auge sich für Perspektiven entscheidet, ist das Ohr offen in alle Richtungen. Es kann Gleichzeitiges hören, verarbeitet Informationen von rechts und links, vorne, hinten, oben oder unten, verbindet Klänge aus verschiedensten Quellen zu simultanen Ereignissen oder unterscheidet gerade die Bewegungen unterschiedlicher Tempi, unterschiedlicher Richtungen. Simultaneität und Mehrschichtigkeit sind die Stichworte. Komponisten des 20. und beginnenden 21. Jahrhunderts sprechen in logischer Konsequenz auch vom Multiversum, das es – statt des alten Universums – hörend zu entdecken gilt.
Auf der Ebene des menschlichen Zusammenlebens bildet die Stadt ein solches Multiversum der Überlagerungen und perspektivischen Vielfalt. Das Ohr erscheint prädestiniert dafür, dies aufzunehmen und zu begreifen.

Abstraktion Die Macht der Musik liegt in der Abstraktion. Wo der Film Konkretes zeigt, kann sie verallgemeinern, in größere Kontexte stellen, Emotionalitäten erfinden, Distanz oder Nähe schaffen, deuten, hinterfragen und überhöhen. Die Musik – zumal diejenige, die ohne Texte, sinnbefrachtete Zitate oder klar semantische Geräusche auskommt – zielt über das Jeweilige, Einzelne hinaus. Ihre Ausdrucksweise prägen Strukturen, Gesten, Bewegungen – die einzelne, konkrete Klarheit der Bilder gerät dadurch in Schwingung.
Dieses (im Erzählkino an exponierter Stelle der Handlung eingesetzte) Potenzial der Filmmusik nutzt die Musik zum dokumentarischen Stummfilm *Berlin: Sinfonie einer Großstadt* durchgängig und auf exemplarische Weise. Nur ein paar Beispiele:

Die den optischen Knalleffekten des Feuerwerks zu Beginn des Films entgegenkomponierte, bewegungsarme Musik der langausgehaltenen Klänge lässt den Betrachter-Hörer zweifeln: Handelt es sich tatsächlich um ein fröhliches, festliches Feuerwerk? Oder überwiegt eher die gespannte Erwartung auf Kommendes? Weiß die Musik mehr, als das Auge sieht? Die Tatsache, dass Musik und Bilder hier nicht dasselbe sagen, ermöglicht Reflexionen, womöglich auch eine eigene Stimmung des Betrachters, die der sichtbaren (ausgelassen feiernde Menschen) entgegenstehen kann. Es ist, als erhielten die Schwarz-Weiß-Bilder statt der optischen eine Klang-Färbung.
An anderer Stelle verbinden Wiederholungen in der Musik Bilder aus der industriellen Produktion mit Aufnahmen von Touristen am Alexanderplatz. Der so geschaffene Zusammenhang könnte heißen: »Dieses beides geschieht zur selben Zeit« – oder auch: »Beide Tätigkeiten (Industriearbeit und Sightseeing) folgen denselben Prinzipien«. Die Bilder werden musikalisch gedeutet – indem die Klänge optisch Verschiedenes als verwandt entlarven. Was der Film durch die Ordnung und Rhythmisierung der Sequenzen schon vorbereitet, wird hier durch die Musik manifestiert. So sind es auch formale Analogien in der Musik, die das Hin- und Herfliegen des Balles in einem Tennisturnier mit einer politischen Rede im Bundestag in Beziehung setzen, die also das politische Reden als sportives Match interpretieren.
Im Gegenzug zu dieser musikalischen Parallelisierung unterschiedlicher Szenen werden andererseits einzelne Bilder mit musikalischen Mitteln isoliert und akzentuiert: Im filmisch festgehaltenen Augenblick eines Kusses hält die Bewegung in der Musik plötzlich an. Eine akustische Generalpause enthebt diesen Moment gleichsam dem »normalen« Zeitverlauf und damit dem alltäglichen Geschehen.

Gestik Abstraktion und Multiversum – diese beiden Grundpfeiler des musikalischen Hörens und Gestaltens verbinden sich bei den Komponisten Helmut Oehring und Iris ter Schiphorst mit speziellen Verfahrensweisen. »Für mich ist Sehen wichtiger als Hören«, sagt Helmut Oehring, der als Sohn gehörloser Eltern aufgewachsen ist. »Sehen ist für mich an Sprache gekoppelt, an Kommunikation, an Mitteilung. Ich denke und träume in Gebärden.« Die Übersetzung vom Optischen ins Akustische, von sichtbarer in hörbare Sprache ist damit ein grundlegendes und existenzielles Thema in Oehrings Denken. Ebenso die Suche nach Gemeinsamkeiten, Äquivalenten, strukturellen Bedingungen der Sprachen. »Mein Anknüpfungspunkt besteht darin, die verschiedenen Bewegungen, die mit der Grammatik, der Gebärdensprache zu tun haben, die Gleichzeitigkeit der körperlichen und mimischen Bewegungen, die ja Bestandteile dieses Sprachsystems sind, in Musik zu übertragen. Die Gleichzeitigkeit und die Unterschiedlichkeit einer Augenbrauenbewegung und zugleich von mehreren Armbewegungen, die ein Wort ausmachen, das sich gerade im Raum bildet, und dessen Zeitverlauf – das ist es, was mich kompositorisch interessiert.«

Vielleicht liegt hier die Basis für das betont Gestische in Oehrings Musik, in der die in Musik transformierte und damit abstrahierte Geste verbindendes Extrakt der sicht- und hörbaren Kommunikation ist. Oehrings und ter Schiphorsts jüngste Gemeinschaftskomposition etwa betrachtet eine einzige Geste aus stimmlicher, gebärdensprachlicher und musikalischer Perspektive: das »rumgammeln + warten«, das dieser Komposition auch den Titel gegeben hat.
Die simultane Mehrschichtigkeit, die Oehring an der Kommunikation in Gebärdensprache interessiert und die zugleich die spezielle Kompetenz des Hörsinns charakterisiert, korrespondiert auf der Ebene der Produktion mit einem mehrschichtigen Entstehen der Musik, wenn Oehring und Iris ter Schiphorst gemeinsam komponieren. Gemeinsam: Das heißt in erster grober Absprache, dann an getrennten Schreibtischen, schließlich im Dialog. Das von den Komponisten immer wieder konstatierte »Staunen, dass sich Dinge trotzdem und erst recht gemeinsam ausdrücken lassen«, wird im Entstehungsprozess von *Berlin: Sinfonie einer Großstadt* noch erweitert um den Austausch mit dem parallel arbeitenden Regisseur Thomas Schadt. Die »Sinfonie« – das heißt, das Zusammenkommen und Zusammenklingen von Verschiedenem – entsteht auf mehreren Ebenen.

Orchestrales Arbeiten Das Sinfonieorchester, dessen Vielstimmigkeit es durch die Komponisten ebenso zu strukturieren gilt, wie es die vielschichtige Akustik der Stadt vom Ohr des Passanten fordert, erscheint als logischer Vermittler der künstlerischen Berlin-Reflexion. Indem Oehring/ter Schiphorst überwiegend auf sein traditionelles Instrumentarium zurückgreifen, das sie nur um wenige Instrumente einer Rockband erweitern, nutzen sie neben dem akustischen Perspektivreichtum, den das Orchester bietet, auch seine Möglichkeiten zur Abstraktion: Nicht urbane Alltagstöne sind die Basis der Filmmusik, sondern artifizielle Klänge.
Die durch die Orchesterpartitur geschaffene Distanz zu den realen Geräuschen (die ja auch der Film als Stummfilm komplett verschweigt), die Abstraktion und Übertragung des städtischen Klanggeschehens in orchestrale Gesten gewinnt gerade in jenen seltenen Momenten eine schlagende Deutlichkeit, in denen die Autoren sie durchbrechen: Einmal gerät zu Gitarrenklängen am Rande eines Platzes ein Mann ins Bild, der »Luftgitarre« spielt – also die zum Klang mehr oder minder passenden Bewegungen ausführt. Wie in einer Andeutung der ansonsten vermiedenen simplen Verdopplung begegnen sich hier Bild und Klang, um sich sogleich wieder voneinander zu lösen – ins Vielgestaltige, Mehrschichtige und Abstrahierende hinein.
So wie die Musik Oehrings und ter Schiphorsts nicht zuletzt auch optische Eindrücke und Gesten übersetzt, nimmt umgekehrt der Film Anleihen bei musikalischen Strukturen: Wie in klassischer Sinfonik arbeitet er mit Themen, Sequenzen, Wiederholung und Variation; und sein vielleicht wichtigstes Gestaltungselement ist der musikalische Rhythmus der Bilder.

Musik und Film verdeutlichen die unterschiedlichen Kompetenzen von Auge und Ohr, zeigen aber auch die möglichen Verbindungen beider Wahrnehmungsformen, ihr Wechselspiel und ihre gegenseitige Einflussnahme – auf der gemeinsamen Suche nach der Sinfonie der Stadt.

»Für die allein bildlichen Möglichkeiten eines Films«, schränkt Helmut Oehring ein, »sind die Strukturen einer Sinfonie zu komplex.« Sinfonische Musik im allgemeinen ist dagegen allzu oft und immer noch von dem Wunsch getragen, die urbane Lebenswelt aus dem Konzertsaal fernzuhalten – einem Wunsch, der die große Parallelität der Strukturen verkennt. Ein jüngst erschienenes musikdidaktisches Kinderbuch erzählt exemplarisch die Geschichte eines Mannes, der es in der großen Stadt nicht aushält: Im lärmenden Durcheinander verschwindet alle Musik aus seinem Kopf. Der Mann kauft sich also ein großes einsames Haus auf dem Lande, und er vermietet alle Wohnungen und Zimmer an Musiker, die alsbald das Haus fleißig mit Tönen füllen. Doch wieder stellt sich der Negativ-Effekt ein: Auch im musikalischen Durcheinander bleibt dem Mann nur ein unglücklich dröhnender Kopf. Erst als sich schließlich alle zum Orchester zusammenfinden und aus dem Mann ein Dirigent geworden ist, entsteht Musik.

Ob und wie aber die Musik wieder in die Stadt zurückkommt, erzählt das Kinderbuch nicht mehr. Helmut Oehrings und Iris ter Schiphorsts *Sinfonie einer Großstadt* zeigt, dass sie eigentlich immer schon dort ist.

BERLIN. DIE SINFONIE DER GROSSSTADT Hans Helmut Prinzler

Berlin 1927 Neun Ereignisse: Im Januar hat der visionäre Film *Metropolis* von Fritz Lang im Ufa-Palast am Zoo Premiere; seine Produktionskosten bringen die Ufa an den Rand des Ruins. Im Februar nimmt die hoch verschuldete Stadt eine neue Sechs-Prozent-Anleihe über 90 Millionen Reichsmark auf. Im März kommt es auf dem Bahnhof Lichterfelde-Ost zu blutigen Zusammenstößen zwischen Anhängern der KPD und der NSDAP. Im April wird der Grundstein zur Künstlerkolonie in Friedenau gelegt. Im Mai hält Adolf Hitler seine erste Rede vor der NSDAP in Kreuzberg. Im Juni verliert Hertha BSC vor 60 000 Zuschauern im Grunewaldstadion das Endspiel um die deutsche Fußballmeisterschaft 0:2 gegen den 1. FC Nürnberg. Im Juli werden dem Maler Max Liebermann zu seinem 80. Geburtstag die Ehrenbürgerrechte der Stadt verliehen. Im August veranstaltet die SPD eine Massenkundgebung »Gegen Krieg und Kriegsgefahr, für Frieden und Sozialismus«. Am 23. September wird im Tauentzien-Palast der Film *Berlin. Die Sinfonie der Großstadt* von Walther Ruttmann uraufgeführt. Er trägt die Prädikate »künstlerisch« und »wertvoll«.

Berlin, sinfonisch, I. Akt Wasser, Wellen, Linien, Kreise, Bewegung, Beschleunigung. – Lokomotive, Eisenbahn, Gleise, Räder, Schranken, Landschaft, Bäume, Telefondrähte, Brücken, Himmel, Geschwindigkeit. – BERLIN 15 Klm. – Laubenkolonien, Industrieanlagen, Kohlehalden, Vorortbahnhöfe, Güterzüge, Gasometer, Wohnhausfassaden, Reklamewände. Die Fahrt wird langsamer. Weichen, ein Signal. Einfahrt in den Anhalter Bahnhof, die Lokomotive hält. BERLIN. – Die Stadtmitte von oben. Dächer, der Dom, das Rote Rathaus, die Zeiger am Turm auf 5 Uhr morgens. Der Schlossplatz, leere Straßen, geschlossene Geschäfte. Puppen im Schaufenster, eine Zeitung im Rinnstein. Ein Wachmann mit Hund, eine streunende Katze. Eine Litfaßsäule, der Plakatkleber kommt. Nachtbummler schlendern nach Hause, zwei Schupos auf früher Streife. – Tore öffnen sich, ein Eisenbahndepot. Eine Straße, ein Mann macht sich auf den Weg, ein zweiter Mann kommt hinzu, ein dritter Mann, ein Fahrradfahrer, Männer in Gruppen. Eine Straßenbahn, ein Bus, eine Haltestelle, die Stadtbahn, der Bahnhof, Treppen, viele Menschen. Ein Fabriktor öffnet sich. Arbeiter in Eile, eine Tierherde, eine Kompanie Soldaten. Ein Leierkastenmann, Menschen auf einer Brücke, Schornsteine. Tiere werden in den Schlachthof getrieben, Arbeiter gehen in die Fabrik, Umkleideräume. – Ein Hebel wird gedrückt, Räder bewegen sich, Maschinenarme greifen, Kolben gehen auf und nieder. Sägen, Bohren, Fräsen, Schleifen. Glühbirnen, Milchflaschen, Brote. Eine Walzstraße, Stahl. Feuer, Schornsteine. – Ende des I. Akts.

Mayers Idee Carl Mayer (1894-1944), genialer Drehbuchautor der zwanziger Jahre, hat beschrieben, wie ihm der Gedanke an einen Berlin-Film in den Kopf kam: »Berlin hat für mich seit je irgendeine, meine innere Welt lösende, mich zum produktiven Erleben steigernde Gewalt. Entscheidende Einfälle, wie der zum *Caligari* oder zu *Scherben* oder zu *Sylvester*, zum *Letzten Mann* und manche andere, irgendwie danke ich sie den Straßen und Stätten, der Luft Berlins. So ging ich wieder einmal, von Plänen zu einem Film aus der Großstadt erfüllt, im Abenddämmer vom Bahnhof Zoo zur Gedächtniskirche. Züge donnerten. Lichter! Autos! Menschen! Alles schnitt sich ineinander! Von den Abendglocken der Kirche überklungen. Da überkam es mich jäh. Berlin! Wunderbare Stadt! Wie – wenn man einmal an Stelle eines Schauspielers dich selbst zum Hauptdarsteller, zum Helden eines Films erwählte? – Und da stieg auch schon der Titel in mir auf: Berlin, Berlin eine Sinfonie, Berlin die Sinfonie, Berlin die Sinfonie der Großstadt!« (B.Z. am Mittag, 27. 9. 1927). So hymnisch und vibrierend darf man sich das bei Carl Mayer ruhig vorstellen – auch wenn diese Gedanken zu keinem Drehbuch werden, auch wenn sich Mayer mit dem Film von Ruttmann nicht identifizieren kann. Im Vorspann steht: »Vorbereitung: Walther Ruttmann, Karl Freund (nach einer Idee von Carl Mayer)«.

Berlin, sinfonisch, II. Akt Türen und Fenster werden geöffnet, Treppen geputzt. Ein Obstkarren fährt auf die Straße. Schüler, Bäckerjungen, Dienstmädchen machen sich auf den Weg. Müllmänner leeren die Tonnen, Briefboten verlassen die Post, Kinder betreten die Schule. 8 Uhr. – Rollläden und Jalousien gehen hoch, Geschäfte öffnen: Cigarren, Schlachterei, Silberwaren, Juwelen, Moden, Friseur. Reiter kommen auf Pferden aus einem Stall, traben durch den Park. Ein Auto fährt aus der Garage. Teppiche werden geklopft, eine Straße wird gereinigt, ein Schutzgitter versenkt. Passagiere besteigen Busse, ein Direktor steigt in sein Auto. Ein Schuhputzer putzt Schuhe. – Vorortzüge, Treppen, ein Bahnhof, eine U-Bahn wird abgefertigt, fährt durch den Tunnel, Fahrgäste lesen Zeitung. Stationen, Straßen, Geschäfte, Kaufhäuser, Personaleingänge. Die Menschen haben es eilig. Beine, Treppen, Fahrstühle, ein Paternoster. Schreibtische werden geöffnet, Schreibmaschinen startklar gemacht, Ärmelschoner übergezogen, Tasten gedrückt, ein Bilderwirbel. Telefone, Finger in den Wählscheiben, Relais, Verbindungen, Telefonistinnen. Der Vormittag hat seinen Rhythmus gefunden. – Ende des II. Akts.

Querschnitt »Der Querschnitt« heißt eine berühmte Kulturzeitschrift der zwanziger Jahre. Kino und Zeitung gelten ihr als die idealen Produkte der Zeit. Ihr Programm beschreibt der Herausgeber Hermann von Wedderkop: »Spielerischer Ausdruck einer idealen Wirklichkeit, die frisch geschehene, unverfälschte, unverklärte Wirklichkeit, mit großem Stadtausschnitt, Bäumerauschen, Brandung, Eleganz, Technik, Sport, bekannten und anonymen Gesichtern und dem ganzen wunderbaren Durcheinander. Wirklichkeit ist heute Qualitätsprobe, Voraussetzung für das Wort ›neu‹. Daß man sie selten findet, beweist, wie schwierig es ist, sie einzufangen und künstlerisch zu präsentieren. Dazu gehört Phantasie, denn im Grunde genommen ist Wirklichkeit stets das Phantastischste. Phantasie ist nicht ins Wesenlose schweifende Erfindung, sondern Kombinationsgabe. Sehen des

Wesentlichen und Aussondern des Toten. Wirklichkeit ist Synonym für Echtheit, Erlebnis, Lebendigkeit.« (Der Querschnitt, Jg. 1926, Heft 7). Damit ist auch das Programm des Films *Berlin. Die Sinfonie der Großstadt* formuliert. Ein Querschnittfilm.

Berlin, sinfonisch, III. Akt Eine U-Bahn kommt aus dem Tunnel. Baustelle, Bagger, Kräne, Rammböcke. – Straßenbahnen, Busse, Menschen. Straßenhändler, Neugierige. Zwei Männer geraten in Streit, Schaulustige mischen sich ein, ein Schupo schlichtet. Straßenverkehr in den Bilddiagonalen. Eine Litfaßsäule wird geöffnet: drinnen verbirgt sich Technik. Schaufenster, ein Café, Paare flanieren, die Damen tragen Hüte. Aus einem Taxi steigt eine Braut im weißen Kleid. In den Schaufenstern bewegen sich mechanische Puppen. Ein Polizist regelt den Verkehr. Eine Frau geht in die Kirche. Ein Pferd ist auf der Straße zusammengebrochen. Präsident Hindenburg begrüßt eine ausländische Delegation. Verbindungsstudenten marschieren auf, Arbeiter demonstrieren, es werden Volksreden gehalten. Die Heilsarmee sammelt. – Straßenbahnen, Busse, Taxis fahren quer durch die Bilder. Ein Leichenwagen ist festlich dekoriert. Überdimensionale Figuren laufen für Bullrichsalz Reklame. – Bahnhof, Dampf, Züge, Schilder: Mannheim, Karlsruhe, Zürich, Luzern, Milano, Anhalter Bahnhof. Reisende kommen an. Kofferträger, Taxis. Ein Flugzeug startet, drei Flugzeuge in der Luft, im Himmel über Berlin. – Hotel Excelsior, Lobby, Ankunft von Gästen. Immer wieder: Busse, Straßenbahnen, Pferdewagen, Straßenkreuzungen. Ein Bettler hebt eine weggeworfene Zigarettenkippe auf. Ein Polizist führt einen kleinen Jungen über die Straße, Fußgänger bringen sich vor den Autos in Sicherheit. Die U-Bahn durchkreuzt die Stadt, fährt durch kleine Häusertunnel. Die Mittagszeitungen erscheinen. 12 Uhr. – Ende des III. Akts.

Der Freund von Fox-Europa Unter den bedeutenden deutschen Kameraleuten der zwanziger Jahre – Werner Brandes, Curt Courant, Karl Freund, Karl Hasselmann, Carl Hoffmann, Günther Krampf, Günther Rittau, Eugen Schüfftan, Guido Seeber, Theodor Sparkuhl, Fritz Arno Wagner – ist Karl Freund (1890-1969) der wohl herausragendste. Er führt in einzelnen Filmen von Carl Theodor Dreyer, Ewald André Dupont, Fritz Lang, Ernst Lubitsch, Richard Oswald und Paul Wegener die Kamera und in fast allen von Friedrich Wilhelm Murnau. Er experimentiert und erfindet – »die entfesselte Kamera«. Mitte der Zwanziger ist er mit vier Filmen auf dem Höhepunkt seiner Arbeit: *Der letzte Mann, Varieté, Tartüff, Metropolis*. Dann nimmt er ein Angebot der amerikanischen Fox-Studios an und wird Produktionschef der Fox-Europa-Filmproduktion. Er kann es sich in dieser Position leisten, Experimente zu unterstützen. So finanziert er Ruttmanns Berlin-Film und leistet direkte Hilfestellung. Er entwickelt ein besonders hoch empfindliches Filmmaterial, mit dem man sogar in der Nacht außen drehen kann. Wenn man seinen späteren Erzählungen glauben will, hat er verschiedene Szenen mit versteckter Kamera aus Lastwagen, mit einem präparierten Koffer oder per Fernsteuerung auch selbst aufgenommen. Im Gegen-

»Das Schwerste waren vielleicht
die Aufnahmen des schlafenden Berlin.«

»Es ist unendlich viel leichter,
mit Tempo und Bewegung zu operieren,
als in der Ruhe und Starrheit eine konsequente
Bewegungslinie durchzuhalten.«

»Fortwährendes erregtes Jagdfieber –
fortwährende Spannung –
fortwährendes Umdisponieren.«

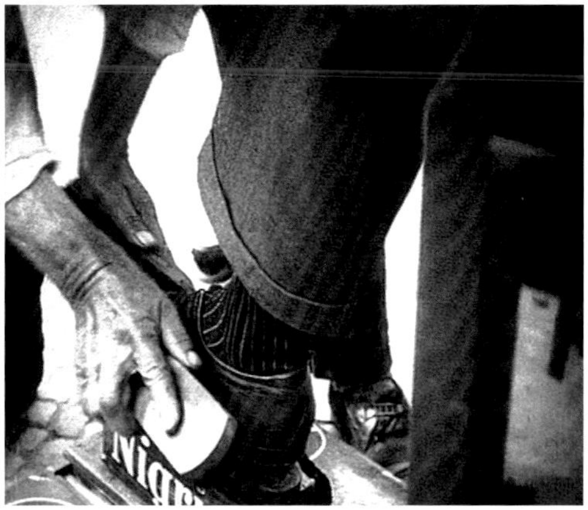

»**D**ie erschütternde **G**ebärde des
sich unbeobachtet glaubenden **M**enschen
mußte eingefangen werden.«

satz zu Carl Mayer identifiziert sich Karl Freund so stark mit Ruttmanns Film, dass er Ende der dreißiger Jahre in Amerika erklärt, den Berlin-Film, der ohne Buch, ohne Schauspieler, ohne Team entstanden sei, hätte er praktisch allein machen müssen. Von Ruttman ist da nicht mehr die Rede.

Berlin, sinfonisch, IV. Akt Räder stehen still. Mittagspause auf der Baustelle. Pferde trinken. Menschen trinken. Tiere im Zoo: Elefanten, Kamele. Mittagessen für Menschen: Suppe, Fleisch. Ein Löwe frisst. Im Restaurant werden Schlemmerplatten serviert, Hektik in der Küche. Eine Würstchenbude. Kinder schlecken Eis. Ein Affe putzt sich. Abwasch, Abfall, Kinder suchen im Abfall etwas zu essen. Menschen ruhen sich aus. Gähnende Tiere. Mittagsschlaf. – Ein Lastkahn fährt langsam unter einer Brücke durch. Dampfer auf der Spree. Im Park fotografieren sich Paare. Kinder im Zoo. Kinder vor Mietskasernen. Ein Mädchen plagt sich mit einem Puppenwagen. Zwei Frauen schauen aus dem Fenster. Ein Hinterhof, zwei Musiker warten auf Spenden. Auf der Straße werden alte Kleidungsstücke begutachtet. In Gartencafés gibt es Kaffee. – Die Räder bewegen sich wieder. Aus der Druckmaschine kommen die nächsten Zeitungen, werden verpackt, transportiert, an die Boten verteilt, auf den Straßen verkauft. Schlagzeilen: Krise, Mord, Börse, Heirat, Geld, Geld, Geld. – Fahrt auf der Achterbahn (subjektive Kamera). Eine Bettlerin, ein Schmuckladen. Wind kommt auf, ein Hut auf der Straße, eine Selbstmörderin auf der Brücke, Augen (groß), Kreise im Wasser, sie ist gesprungen. Schaulustige sind geschockt. Modenschau, Tiger hinter Gittern. Achterbahn, Wind, Regen. Die Feuerwehr fährt aus, Glocke am Einsatzwagen, Polizei. Ein Hund schüttelt sich trocken. – Ende der Tagesproduktion. Die Räder stehen wieder still, die Schreibmaschinen werden verschlossen, die Arbeitsplätze aufgeräumt. Männer waschen sich, Menschen verlassen die Fabriken. Die Tore schließen sich – ein Schleusentor öffnet sich. Sportler im Boot, Kinder im Wasser, Segelboote. Seifenkistenrennen, Autorennen, Menschen rennen, Hunderennen, Pferderennen. Tennis. Läufer laufen ins Ziel. Früher Abend. Damen mit Hüten, Frauen pudern sich, Tanz, Modenschau. Paare im Park. Es dämmert. – Ende des IV. Akts.

Meisels Musik Der Komponist Edmund Meisel (1894-1930) ist durch zwei Filmmusiken zu Ruhm gekommen: *Panzerkreuzer Potemkin* (Sergej Eisenstein, 1925) und *Berlin. Die Sinfonie der Großstadt*. In beiden Fällen weicht er von der bis dahin üblichen Untermalungspraxis des Stummfilms ab und gibt den Bildern eine wirkungsvolle, rhythmisierende, durch Geräusche gesteigerte Akzentuierung. Zum Berlin-Film schrieb er: »Ich habe mich bemüht, mit möglichst großer Objektivität den Rhythmus und die Melodie jedes Vorganges dieses schon an sich musikalisch aufgebauten Filmes niederzuschreiben. Diese Objektivität ist nur von einer Konzession durchbrochen. Von der Rücksicht auf die Psyche des kosmopolitischen, arbeitenden Berliners. Ich habe, nicht des Effektes wegen, sondern um die Klangfarben meiner Komposition der Wirklichkeit anzupassen, technische Instrumente verwandt, allerdings alles noch begrenzt, um nicht durch zu gewaltsame Neuerungen die Aufnahme zu erschweren. Mein Bestreben geht dahin, eine musikalische Vorstoß-Arbeit zu leisten, die dem Ohr natürlich, ohne Anstrengung eingeht, meine Hoffnung, daß der Zuhörer sie sogar als altbekannt, als die Musik seiner täglichen Umgebung empfinden wird.« (Film-Kurier, 20. 9. 1927). Bei der Aufführung im Tauentzien-Palast sitzen 70 Musiker im Orchestergraben, ein Vierteltonklavier ist in der Seitenloge positioniert, im Publikum sind verschiedene Geräuschemacher verteilt. Für manche Zuschauer ist das offenbar ein übertriebener Aufwand, der von den Bildern eher ablenkt.

Berlin, sinfonisch, V. Akt Ein Hinterhof, eine Hausfassade, Lichter flammen auf. Straßen, hell erleuchtet, Autos. Das Atrium-Kino mit festlicher Front. Bahnen, Busse im Licht. Kinofassaden. Eine Leinwand, Chaplin: sein Gang, seine Schuhe. Schaufenster: Mode, Anzüge, Wäsche. – Lichtreklamen. »...und abends in die Scala«. Eine Garderobenfrau. Publikum im Parkett, das Orchester, der Dirigent, der Vorhang öffnet sich. Tänzerinnen, Trapezkünstler, ein Reiter auf der Bühne, ein Jongleur, Girls, Beine, der Vorhang fällt, Applaus. Das Publikum strömt aus den Theatern. Taxis fahren vor, ein Junge hält bettelnd die Hand auf. – Belebte Straßen, Paare, ein Hotel. Straßenbahnen. Die Kamera im Taxi, in schneller Fahrt. – Eishockey, Eislauf, Schnee, Skifahrer, wieder Eishockey. Sechstagerennen, Boxkampf, ein Boxer geht k. o. Tanzende Paare im Boxring, eine Kapelle, tanzende Paare auf dem Parkett, bewegliche, wippende Beine. – Eine Baustelle bei Nacht, Gleisarbeiten, Straßenbahnen. Eine Eckkneipe, Biertrinker, ein eng umschlungenes Paar. Champagner, eine Bar, gemixte Drinks, ein Ballsaal, Luftballons, Tanz. Kartenspiel, Roulette, ein Bus fährt durch nächtliche Straßen, Bilder wirbeln im Kreis, Feuerwerk. Der Funkturm sendet Licht wie ein Leuchtturm. – Ende.

Erste Reaktion
»Dies ist die Symphonie der Stadt. Dies ist ein Kinostück.
Benommen steht man auf. Das Haus rast Beifall.«
Leo Hirsch, Berliner Tageblatt, 24. 9. 1927

Ruttmann (1) Am Tag der Uraufführung von *Berlin. Die Sinfonie der Großstadt* ist Walther Ruttmann (1887-1941; vom h im Vornamen trennt er sich später) 39 Jahre alt. Geboren in Frankfurt am Main, musikalisch begabt. Nach dem Abitur beginnt er ein Architekturstudium in Zürich, dann wechselt er zur Malerei, nach München, studiert später bei Ubbelohde in Marburg. Plakatwettbewerbe bringen ihm Preise ein. Zu seinen Freunden gehören Paul Klee und Lyonel Feininger. Dem Wehrdienst 1913 folgen Kriegseinsätze ab August 1914. 1917 kehrt er als entschiedener Kriegsgegner von der Ostfront zurück. Er beschäftigt sich zunächst theoretisch mit Film, beginnt 1919 mit Bewegungsstudien, gründet in Bayern eine Filmgesellschaft und arbeitet neun Monate an seinem ersten abstrakten Film: *Lichtspiel Opus I,* eine Montage aus 10 000 einzeln eingefärbten Bildern. Zehn Minuten, über die Alfred Kerr nach der Berliner Premiere schreibt: »Hier flitzen Dinge, rudern, brennen, steigen, stoßen, quellen, gleiten, schreiten, welken, fließen, schwellen, dämmern; entfalten sich, wölben sich, breiten sich, verringern sich, kugeln sich, engen sich, schärfen sich, teilen sich, krümmen sich, heben sich, füllen sich, leeren sich, blähen sich, ducken sich; blümeln und verkrümeln sich. Kurz: Expressionismus in Bewegtheit. Ein Rausch für die Pupille. Aber kein Menschenfilm.« (Berliner Tageblatt, 16. 6. 1921) Bis 1925 entstehen drei weitere abstrakte Filme: *Lichtspiel Opus 2, Ruttmann Opus 3, Ruttmann Opus 4.* Ab 1923 lebt Ruttmann in Berlin, arbeitet an Werbefilmen mit, realisiert für Fritz Lang den »Falkentraum« des Nibelungen-Films, liefert Beiträge zu Lotte Reinigers Scherenschnittfilm *Die Abenteuer des Prinzen Achmed* und Paul Wegeners *Lebende Buddhas*. In den Jahren 1926/27 entsteht *Berlin. Die Sinfonie der Großstadt*.

Kracauers Kritik Der Rezensent Siegfried Kracauer (1889-1966), ein großer Analytiker des Films der Weimarer Republik, formuliert für die »Frankfurter Zeitung« einen der schlimmsten Verrisse des Berlin-Films: »Hei, wie geschafft wird, wie die Bildstreifen durcheinander rasen, damit nur jeder Provinzler – und viele Berliner gehören zu dieser Sorte Provinzler – sich an der Raserei berausche, an der Konfusion, den Gegensätzen, den Maschinenteilen, den Autobussen, die immer wieder einmal auf dem Potsdamer Platz sich kreuzen, den gymnastischen Schutzleuten, an dem ganzen blöden Getriebe, das zum Glück nicht Berlin selbst ist, sondern nur eine Summe verworrener Vorstellungen, die Literatengehirne über eine Großstadt ausgebrütet haben, wie sie nach ihren Begriffen sein soll. Diese Gehirne wissen nichts Besseres, als sich an dem sinnlosen Beisammen von Glanz und Elend, von Rechts und Links zu entzücken, weil eben der Sinn ihrer Großstadt darin besteht, die Kontraste ungelöst in sich einzuschlucken. Sie lassen den Beerdigungswagen hinter den rollenden Trambahnen herfahren, weil sie meinen, im Tod sei doch alles egal und das Leben gehe im Übrigen weiter: kurz, sie wissen nie und nirgends, worauf es in Wirklichkeit ankommt.« (13. 11. 1927). Der Name Ruttmann wird in dem Text nicht erwähnt.

Inhalt / Form Unterschiedlicher als die von Kracauer und Ruttmann können die Vorstellungen von einem Stadt-Film, einem Berlin-Film kaum sein. Der eine – Kracauer – will eine soziale Reportage, eine Chronik laufender Ereignisse, den großen Radius, die strukturierte Wirklichkeit, menschliche Anteilnahme, klare Haltung zur Realität, das dialektische Berlin. Kracauer will vor allem: Inhalt. Der andere – Ruttmann – will unterhalten, Material und Bewegung organisieren, eine Sinfonie schaffen, komponieren. Ruttmann will vor allem: Form: »Straffste Organisation des Zeitlichen nach streng musikalischen Prinzipien. Vom zartesten Piano mußte konsequent bis zum Fortissimo gesteigert werden. Moll und Dur mußten logisch ineinander übergeführt oder schroff gegeneinander gestellt werden. Ein Kontrapunkt mußte entstehen aus dem Rhythmus von Mensch und Maschine. Ich glaube, daß die meisten, die an meinem Berlin-Film den Rausch der Bewegung erleben, nicht wissen, woher ihr Rausch kommt. Und wenn es mir gelingt, die Menschen zum Schwingen zu bringen, sie die Stadt Berlin erleben zu lassen, dann habe ich mein Ziel erreicht.« Aber Kracauer ist an Rausch und Schwingung nicht interessiert.

Expressionismus / Neue Sachlichkeit Der Beginn der zwanziger Jahre im 20. Jahrhundert – das ist im deutschen Film, in der Literatur, in der bildenden Kunst »Expressionismus«, Ausdruck der Erfahrungen und Verletzungen des Ersten Weltkriegs. Ängste, Träume und Traumata, Horror, Tod, Wahnsinn. In den Filmbildern dominieren Licht und Schatten, Allegorie und Theatralik, Künstlichkeit und Stilisierung: *Das Cabinet des Dr. Caligari* (Robert Wiene), *Der müde Tod* (Fritz Lang), *Nosferatu* (Friedrich Wilhelm Murnau), *Das Wachsfigurenkabinett* (Paul Leni). Die Filme spielen zwischen Leben und Tod, Traum und Wirklichkeit, Tag und Nacht, Gestern und Morgen. Ihre dunklen, unheimlichen Stimmungen gelten im Ausland als typisch deutsch. Später wird man davon etwas im Horrorfilm und im *Film Noir* im Hollywood der dreißiger und vierziger Jahre wiederfinden, mitgenommen ins Exil, auf der Flucht vor dem Nationalsozialismus. In der Mitte der zwanziger Jahre gibt es einen Wandel des Zeigens und Sehens, vor allem im Film, in der Fotografie, in der Malerei, der mit dem Begriff »Neue Sachlichkeit« belegt wird. Keine subjektiven Verzerrungen mehr, sondern Realismus, Objektivität, Leben. Das verbindet sich mit Regisseuren wie G. W. Pabst, Bruno Rahn, Robert Siodmak, mit Filmen wie *Die freudlose Gasse, Dirnentragödie, Menschen am Sonntag*. Auch Ruttmanns Berlin-Film wird der Neuen Sachlichkeit zugeordnet.

Ruttmann (2) Der Erfolg des Berlin-Films verhilft Ruttmann nicht zu einer wirklichen Karriere. Er experimentiert mit Ton, es entsteht der Dokumentarfilm *Deutscher Rundfunk*. Für die Hamburg-Amerika-Linie realisiert er den Montagefilm *Melodie der Welt*, der in Frankreich erfolgreicher ist als in Deutschland. In den folgenden Jahren arbeitet Walther Ruttmann in Paris (u. a. für Abel Gance) und in Berlin (*Feind im Blut* – ein Aufklärungsfilm über Syphilis, *In der Nacht* – eine musikalische Studie). In Italien realisiert er 1932 einen Spielfilm aus dem Milieu der Stahlarbeiter Acciaio (*Arbeit macht glücklich*), ab 1933 ist er wieder in Deutschland beschäftigt, mit Auftragsfilmen (*Altgermanische Bauernkultur*), Werbefilmen (für Mannesmann, Bayer, Henkel), Städtefilmen (Düsseldorf, Stuttgart, Hamburg). Für Leni Riefenstahls *Triumph des Willens* dreht er eine später nicht verwendete Rahmenhandlung. Von den Industriefilmen gibt es einen fast unmittelbaren Übergang zu den Wehrmachtsfilmen: *Deutsche Waffenschmieden, Deutsche Panzer* (beide 1940). Zuletzt entsteht Ein Film gegen die Volkskrankheit Krebs.
Walter Ruttmann stirbt am 15. Juli 1941 in Berlin.

»Tag für Tag fuhr ich mit meinem Aufnahmewagen
durch die Stadt, um bald im Westen den verwöhnten
Kurfürstendammbewohner zu überlisten,
bald im Scheunenviertel ärmstes Berlin einzufangen.«

»Hauptmacht des Films ist das Unerbittliche seiner Ehrlichkeit:
seine unbestechliche Objektivität.«

»Keine gestellten Szenen! Menschliche Vorgänge und Menschen werden ›beschlichen‹.«

»Jeder Vorgang spricht durch sich selbst –
also: keine Titel.«

Symphonie einer Weltstadt 1941 erzählt der Autor, Produzent, Kameramann und Regisseur Leo de Laforgue (1902-1980) dem »Völkischen Beobachter«, dass er seit 1936 an einem Film arbeite, der »Symphonie einer Weltstadt« heißen soll: »Seit den Tagen der Olympiade arbeite ich in den Straßen Berlins an Schnappschußaufnahmen, die später die Unterlage zu einem großen Filmquerschnitt mit dem Thema ›Gigant Berlin‹ ergeben sollen. Sobald das Wetter einigermaßen den photographischen Bedürfnissen entsprach, zog ich mit einer kleinen, unauffällig arbeitenden Normalfilmkamera über die Pflaster der Reichshauptstadt, um überall mit Schnappschüssen das Leben derart festzuhalten, wie es tatsächlich ist. Diese gefilmten Szenen sind der Urstoff zu einem rein filmischen Film, der jegliches photographiertes Theater verbannen und der Eigengesetzlichkeit der Filmkunst bis zum letzten entgegenkommen will. Vorbilder sind die bekannten Dokumentarfilme von Leni Riefenstahl, Walter Ruttmann, Curt Oertel und Fritz Hippler. Ich habe angefangen, die ungeheuren Möglichkeiten der Weltstadt Berlin filmisch zu erfassen. Abertausende Meter Film haben bisher nie wiederzubekommende Szenen aus dem tausendfältigen Getriebe der Weltstadt Berlin innerhalb vier Jahren festgehalten. All diese Szenen sind mir Bausteine zu einem gewaltigen filmischen Mosaikgemälde der Stadt, die nach dem Willen der Führers zur ewigen Hauptstadt des ersten deutschen Volksreiches werden soll.« (6. 4. 1941) Der fertige Film, 2600 m lang, wird im März 1943 verboten. Die NS-Machthaber fürchten offenbar, dass die Bilder eines unzerstörten Berlins unliebsame Sehnsüchte wecken könnten. 1950 wird der Film von Laforgue umgearbeitet und – mit einem Kommentar von Friedrich Luft – für die Kinos in der Bundesrepublik zugelassen. Die Uraufführung findet am 1. Oktober im Marmorhaus statt. Der späte Ruhm bleibt dem Film versagt.

Berlin 2001 In der Neujahrsnacht beginnt der Dokumentarist Thomas Schadt mit den Aufnahmen zu seinem Film *Berlin: Sinfonie einer Großstadt*. Im Januar wird im Schauspielhaus wieder ein Preußenjahr eröffnet. Ab Februar strömen 1,2 Millionen Neugierige zur Ausstellung »Körperwelten« im Postbahnhof. Im März wird die Dienstleistungsgewerkschaft ver.di gegründet. Der April endet wieder mit Krawallen in Kreuzberg. Im Mai bezieht Bundeskanzler Gerhard Schröder sein neu erbautes Amt am Spreebogen. Im Juni wird der Regierende Bürgermeister Eberhard Diepgen gestürzt; sein Nachfolger heißt Klaus Wowereit. Im Juli treffen sich wieder 800 000 Raver zur Love-Parade im Tiergarten. Im August jährt sich der Tag des Mauerbaus zum vierzigsten Mal. Im September wird das Jüdische Museum eröffnet; vor dem Brandenburger Tor gedenken 200 000 Berliner der Opfer der Terroranschläge in New York und Washington. Im Oktober sind bei den Wahlen zum Abgeordnetenhaus SPD und PDS die Gewinner. Im November öffnen sich neue Milliardenlöcher im Berliner Haushalt. Im Dezember stirbt der Schriftsteller Stefan Heym 88-jährig. Silvester 2001 beendet Thomas Schadt die Aufnahmen zu seinem Berlin-Film, 35mm, Schwarz-Weiß, ohne Originalton. Der Film beginnt mit einem Feuerwerk und endet mit Wellen, Wasser und flirrendem Licht.

Quellen/Lesestoff Fast alles über Walter Ruttmann erfährt man aus einer Dokumentation von Jeanpaul Goergen: *Walter Ruttmann*, herausgegeben von den Freunden der Deutschen Kinemathek, Berlin 1989. Dort sind auch die auszugsweise zitierten Texte von Ruttmann, Carl Mayer, Karl Freund, Edmund Meisel und Siegfried Kracauer vollständig abgedruckt. Daten und Fakten zu allen wichtigen mit *Berlin. Die Sinfonie der Großstadt* verbundenen Personen finden sich in: *CineGraph. Lexikon zum deutschsprachigen Film*, Hamburg 1984 ff. In der *Geschichte des deutschen Films*, Stuttgart, Weimar 1993, gehen Anton Kaes (Weimarer Republik), Klaus Kreimeier (Dokumentarfilm) und Christine Noll Brinckmann (Experimentalfilm) auf Ruttmann und seinen Berlin-Film ein. Dem Komponisten Edmund Meisel ist eine Publikation des Deutschen Filmmuseums gewidmet, Frankfurt am Main 1984, herausgegeben von Werner Sudendorf. Über Karl Freund hat Frieda Grafe geschrieben: »Sehen ist besser als machen«, in: *Gleißende Schatten*, Berlin 1994. Über *Berlin. Die Sinfonie der Großstadt* gibt es viel Lesestoff. Hin und wieder wird der Film auch gezeigt.
Die Texte zu den Bildern aus dem Ruttmann-Film *Berlin. Die Sinfonie der Großstadt* sind von Walther Ruttmann, zitiert nach der Dokumentation von Jeanpaul Goergen.

BERLIN. Die Sinfonie der Großstadt

Buch Walther Ruttmann, Karl Freund (nach einer Idee von Karl Mayer)
Regie Walther Ruttmann
Kamera Raimar Kuntze, Robert Baberske, Lászlo Schäffer
Bauten Erich Kettelhut
Musik Edmund Meisel
Produktion Deutsche Vereins-Film AG, Berlin (Fox Europa-Produktion, Leitung: Karl Freund)
Produktionsjahr 1927
Uraufführung 23. September 1927 im Tauentzien-Palast, Berlin

BERLIN: Sinfonie einer Großstadt

Buch, Regie und Kamera Thomas Schadt
Kameraassistenz Thomas Keller
Musik Helmut Oehring, Iris ter Schiphorst
Orchester SWR Sinfonieorchester
Dirigent Roland Kluttig
Sounddesign Thorsten Ottersberg
Montage Stefan Krumbiegel, Thomas Wellmann
Produktionsleitung Lisa Breuer
Herstellungsleitung Matthias Schwerbrock
Producer Christian Rohde
Produzenten Nico Hofmann / teamWorx, Thomas Schadt / Odyssee Film
Redaktion Peter Latzel /SWR
Uraufführung 10. April 2002 in der Deutschen Staatsoper Unter den Linden

Mit Mitteln des Südwestrundfunks (SWR), des Senders Freies Berlin (SFB), ARTE, Telepool und mit Unterstützung der Filmförderungen: Bundesfilmstiftung, Filmboard Berlin-Brandenburg, MFG Baden-Württemberg

Dieses Buch entstand in Zusammenarbeit mit den Fernsehanstalten Südwestrundfunk (SWR) und ARTE, den Produktionsfirmen teamWorx und Odyssee Film sowie dem Filmmuseum Berlin.

Lektorat: *Antonia Meiners*
Gestaltung: *Pauline Schimmelpenninck, Berlin*
Satz und Lithos: *Mega-Satz-Service, Berlin*
Druck: *Medialis, Berlin*
Bindung: *Kunst- und Verlagsbuchbinderei, Leipzig*

Printed in Germany
ISBN 3-87584-185-9